Gitte Härter

30 Minuten

Arschlöcher zähmen

© 2015 SAT.1, www.sat1.de
Lizenz durch ProSiebenSAT.1 Licensing GmbH,
www.prosiebensat1licensing.com

Bibliografische Information der Deutschen Nationalbibliothek

Die Deutsche Nationalbibliothek verzeichnet diese Publikation
in der Deutschen Nationalbibliografie; detaillierte bibliografische Daten sind im Internet über http://dnb.d-nb.de abrufbar.

Umschlaggestaltung: die imprimatur, Hainburg
Umschlagkonzept: Martin Zech Design, Bremen
Lektorat: Friederike Mannsperger
Satz: Zerosoft, Timisoara (Rumänien)
Druck und Verarbeitung: Salzland Druck, Staßfurt

© 2012 GABAL Verlag GmbH, Offenbach
6. Auflage 2015

Hinweis:
Das Buch ist sorgfältig erarbeitet worden. Dennoch erfolgen alle
Angaben ohne Gewähr. Weder Autorin noch Verlag können für
eventuelle Nachteile oder Schäden, die aus den im Buch gemach-
ten Hinweisen resultieren, eine Haftung übernehmen.

Printed in Germany

ISBN 978-3-86936-447-6

In 30 Minuten wissen Sie mehr!

Dieses Buch ist so konzipiert, dass Sie in kurzer Zeit prägnante und fundierte Informationen aufnehmen können. Mithilfe eines Leitsystems werden Sie durch das Buch geführt. Es erlaubt Ihnen, innerhalb Ihres persönlichen Zeitkontingents (von 10 bis 30 Minuten) das Wesentliche zu erfassen.

Kurze Lesezeit

In 30 Minuten können Sie das ganze Buch lesen. Wenn Sie weniger Zeit haben, lesen Sie gezielt nur die Stellen, die für Sie wichtige Informationen beinhalten.

- Alle wichtigen Informationen sind blau gedruckt.

- Schlüsselfragen mit Seitenverweisen zu Beginn eines jeden Kapitels erlauben eine schnelle Orientierung: Sie blättern direkt auf die Seite, die Ihre Wissenslücke schließt.

- *Zahlreiche Zusammenfassungen innerhalb der Kapitel erlauben das schnelle Querlesen.*

- Ein Fast Reader am Ende des Buches fasst alle wichtigen Aspekte zusammen.

- Ein Register erleichtert das Nachschlagen.

Inhalt

Vorwort

Arschlöcher gehören zum Leben dazu: Sie pöbeln uns auf der Straße an, sie sitzen im Büro nebenan und manchmal heiraten sie die beste Freundin. Hin und wieder sind wir sogar selbst eins.

 Arsch|loch, das (männlich und weiblich) derb für missachtendes, grobes Verhalten, das sowohl situationsbezogen als auch dauerhaft auftreten kann

Ich habe ganz bewusst ein Buch geschrieben, das kein Blatt vor den Mund nimmt. Dabei geht es mir nicht darum, einen Schwarzen Peter zuzuschieben. Wenn Sie ein Buch à la „Wie es in den Wald hineinruft" erwarten, dann werden Sie enttäuscht. Viel wichtiger als zurückzuschlagen ist es, mit Personen, die uns verletzen oder zur Weißglut bringen, umgehen zu können. Auf respektvolle Art! So treten Sie für sich ein und weisen andere in ihre Schranken – glasklar und souverän –, ohne sich auf dasselbe Niveau zu begeben.

Im ersten Kapitel geht es zunächst um SIE. Denn der Dreh- und Angelpunkt, wann und ob wir etwas als so schlimm empfinden, dass wir den anderen mit Kraftausdrücken belegen, sind wir selbst: unser Empfinden, unsere wunden Punkte und natürlich auch unser Selbstbewusstsein.

Im zweiten Kapitel werfen wir einen ausführlichen – und ausgewogenen – Blick auf „den Idioten": Wer ist das und warum verhält er sich so?

Im dritten Kapitel rüste ich Sie mit Informationen und Werkzeugen aus, die Sie brauchen, wenn Sie den anderen mit seinem Verhalten konfrontieren möchten.

Und im vierten Kapitel erfahren Sie, wie Sie unter schwierigen Umständen selbstbewusst das Gespräch steuern können.

Wir können fremde Menschen nicht kontrollieren, aber wir haben es in der Hand:
- ob und wie uns etwas beeinflusst (beeinträchtigt!),
- dass wir handlungsfähig bleiben und unseren Emotionen nicht ausgeliefert sind,
- und wir können steuern, wie eine „Arschloch-Situation" verläuft.

Herzliche Grüße
Gitte Härter

30 MINUTEN

Was macht Arschloch-Verhalten mit mir?

Wie will ich idealerweise (re)agieren?

Wie schaffe ich es, nicht aus der Fassung zu geraten?

1. Sie selbst

Je heftiger unsere Reaktion auf jemanden ist, desto mehr hat es mit uns selbst zu tun. Anstatt sich nun voll auf „den Blödian" zu stürzen, lohnt es sich viel mehr, erst mal den Blick auf sich selbst zu richten: Warum bringt mich das so auf? Was macht das mit mir? Und wie kann ich künftig besser damit umgehen?

1.1 Auswirkungen von Arschloch-Verhalten

Fast täglich haben wir mit Menschen – und Verhaltensweisen – zu tun, die wir nicht so toll finden. Manches lässt uns den Kopf schütteln oder nervt, doch als Arschloch bezeichnen wir jemanden nicht alle Tage.

Die meisten Menschen finden diese zehn Verhaltensweisen besonders schlimm:

1. Mein Vertrauen wurde missbraucht.
2. Der andere ist nicht verlässlich.
3. Jemand ist egoistisch.

4. Jemand ist unehrlich.
5. Jemand zeigt sich ignorant.
6. Jemand ist ungerecht.
7. Ich wurde verletzt.
8. Jemand verhält sich respektlos.
9. Es wird mit zweierlei Maß gemessen.
10. Andere üben Macht über mich aus.

Bereits beim Durchlesen dieser Aufzählung merken Sie: Manches tangiert Sie nicht großartig, während Ihnen bei anderen Stichpunkten das Messer in der Tasche aufgeht. Und mich wiederum bringen vermutlich ganz andere Dinge auf die Palme. Lassen Sie uns also ergründen, was Ihre individuellen Aufreger sind.

Ob wir jemanden als Arsch mit Ohren empfinden, hängt ab von:
- unserem Selbstbewusstsein
- unseren Erfahrungen
- unserem Temperament

Hier sind wir schon beim ersten Clou: Auch wenn es nicht gerade der erste Impuls ist, im Angesicht von idiotischem Verhalten bei sich selbst anzusetzen, steckt der Schlüssel zum Arschlöcher-Zähmen im Selbstmanagement! Das ist eine gute Nachricht, denn wenn Sie Ihre Aufreger gut genug kennen und wissen, was diese mit Ihnen machen, haben Sie zu 100 Prozent in der Hand, was Sie tun oder wie Sie es tun.

Selbst-Check:
Was sind Grenzüberschreitungen für mich?

Wäre es nicht wunderbar, immer die Souveränität in Person zu sein? Ich bin das nicht. Und da Sie sich dieses Buch gekauft haben, ist davon auszugehen, dass Ihnen auch gerne mal die Hutschnur platzt. Wann immer das passiert, übernehmen unsere Gefühle das Ruder. Sie können der umgänglichste und respektvollste Mensch sein: Wenn die Gefühle hochschlagen, ist es mit dem Konstruktivsein nicht mehr weit her!

Um im Umgang mit Arschlöchern souverän agieren zu können, brauchen Sie also erst einmal Klarheit darüber, was genau Ihre „Knöpfe" und wunden Punkte sind. Das finden Sie in drei einfachen Schritten heraus:

- Schritt 1: Wann überschreiten andere eine Grenze?
- Schritt 2: Warum trifft mich das so?
- Schritt 3: Wie reagiere ich bisher?

Schritt 1: Wann überschreiten andere eine Grenze?

Im Anschluss finden Sie die zehn typischen Aufreger noch einmal etwas ausführlicher aufgelistet. Denken Sie jede Kategorie intensiv durch: Stört mich an diesem Verhalten irgendetwas ganz besonders? Wenn ja: Verletzt es mich oder macht es mich wütend? Wie sehr?

Das verletzt mich:

☹	☹☹	☹☹☹
= finde ich übel	= enttäuscht mich sehr	= verletzt mich total

Das macht mich wütend:

💣	💣💣	💣💣💣
= sehr ärgerlich!	= lässt meinen Blutdruck steigen	= bringt mich zur Weißglut

Kreuzen Sie nur das an, worauf Sie sehr heftig reagieren! Keine dieser Kategorien wird Sie kaltlassen, aber nicht auf alle reagieren Sie gleich intensiv. Ich beispielsweise würde Egoismus und Machtausüben nicht ankreuzen. Ich finde das zwar nicht prickelnd, aber es bringt mich auch nicht aus der Fassung. Dafür bekäme „verletzt" bei mir 💣💣💣, weil ich Lästereien absolut schäbig finde. Loten Sie also genau aus, was Ihr Blut zum Kochen bringt.

Oft ist es gar nicht das Verhalten, sondern es geht um die Person. Darum geht es in Kap. 2. Momentan machen Sie Ihre Inventur bitte personenunabhängig.

Los geht's!

---

❶ Vertrauen missbraucht

Der andere hat etwas ausgeplaudert, hinter meinem Rücken über mich geredet, mich angelogen, mir etwas vorgegaukelt, im Vertrauen erzähltes Wissen gegen mich verwendet ...	💣	☹
	💣	☹
	💣	☹
	💣	☹
	💣	☹
	💣	☹

❷   nicht verlässlich

💣	☹

Der andere hält Versprechen nicht ein, ist ständig unpünktlich; Zusagen kann man nicht glauben; er bietet von sich aus etwas an, das er dann „vergisst"; wenn er etwas macht, dann fehlerhaft oder nicht vollständig ...

💣	☹
💣	☹
💣	☹
💣	☹
💣	☹

---

❸   egoistisch: ich, ich, ich

💣	☹

Der andere ist rücksichtslos, nur auf seinen Vorteil bedacht, er macht sich auf meine Kosten größer; er ist unberechenbar: mal hü, mal hott; seine Launen sind berüchtigt; er glaubt, er ist was Besseres ...

💣	☹
💣	☹
💣	☹
💣	☹
💣	☹

---

❹   unehrlich

💣	☹

Der andere lügt, setzt Gerüchte in die Welt, klaut Ideen oder Gegenstände; er leiht sich etwas und gibt es nie zurück; er nutzt Fehler, die andere machen, aus, wenn sie zu seinen Gunsten ausfallen ...

💣	☹
💣	☹
💣	☹
💣	☹
💣	☹

❺ ignorant

Der andere missachtet Höflichkeitsregeln, ich fühle mich nicht wahr-/ernst genommen; es herrscht eine Stammtischmentalität vor; die Person ist nicht aufmerksam, wischt den Ernst der Lage weg ...	😀 ☹
	😀 ☹
	😀 ☹
	😀 ☹
	😀 ☹
	😀 ☹

❻ ungerecht

Der andere verhält sich unfair: lässt mich (oder jemand anderen) ins Messer laufen, vielleicht um den eigenen Kopf zu retten; schimpft über etwas, das er zuvor vereinbart/ angeordnet hat; geht auf Schwächere los ...	😀 ☹
	😀 ☹
	😀 ☹
	😀 ☹
	😀 ☹
	😀 ☹

❼ verletzt

Der andere ist mir in den Rücken gefallen; eine Bemerkung war unter der Gürtellinie, lästert (über mich oder andere); spielt mit meinen Gefühlen; macht mich dauernd eifersüchtig, schämt sich für mich; macht sich lustig auf meine Kosten ...	😀 ☹
	😀 ☹
	😀 ☹
	😀 ☹
	😀 ☹
	😀 ☹

❽ respektlos

Der andere hat einen falschen Tonfall angeschlagen (z. B. grob); behandelt mich wie
Dreck, provoziert mich absichtlich; schaut auf
mich herunter, führt mich vor, redet mit mir
wie mit einem kleinen Kind ...

❾ zweierlei Maß

Der andere sagt etwas, tut aber das Gegenteil;
Regeln, die für andere gelten, gelten für ihn
nicht; „bei mir ist das was anderes"; er redet
harsch über andere, sieht den Balken im eigenen Auge nicht, predigt Wasser und trinkt
Wein ...

❿ Macht ausüben

Der andere macht sich auf Kosten eines anderen größer; er dominiert oder unterdrückt,
er setzt unter Druck, erpresst emotional, ist
nachtragend; bringt andere gegen mich auf;
argumentiert mich an die Wand; stellt
Ultimaten ...

Schritt 2: Warum trifft mich das so?

Stellen Sie sich nun für jede angekreuzte Kategorie die folgenden fünf Fragen. Am besten fangen Sie mit den Härtefällen an, die Sie mit ☹☹☹ und ♠♠♠ bewertet haben. Schreiben Sie Ihre Antworten auf.

- Inwiefern fühle ich mich nicht ernst genommen?
- Inwiefern geht dieses Verhalten gegen meine Bedürfnisse, Erwartungen oder Wünsche?
- Welcher wunde Punkt wird hier berührt?
- Welche Werte werden hier empfindlich verletzt?
- Welche früheren Erfahrungen werden geweckt?

Eine dieser Fragen ist immer der Schlüssel dafür, warum gerade dieses Verhalten Sie so wahnsinnig trifft.

Schritt 3: Wie reagiere ich bisher?

Jeder von uns hat ein bestimmtes Verhaltensrepertoire, das mit unserer Persönlichkeit zu tun hat. Der eine flippt aus und wird aggressiv, wo ein anderer sich waidwund zurückzieht. Wenn wir fuchsteufelswild oder empfindlich verletzt sind, verfallen wir automatisch in gewohnte Verhaltenstrampelpfade. Meistens ist damit leider die Souveränität sofort beim Teufel.
Bevor Sie sich bessere Reaktionen aneignen können, brauchen wir den Status quo. In diesem dritten Schritt werden Sie sich Ihres bisherigen Verhaltensrepertoires bewusst.

Mein Verhaltensrepertoire

Bitte gehen Sie die folgenden Alternativen durch und kreuzen Sie in der linken „Ist-Spalte" alles an, was Ihrem bisherigen Verhalten entspricht. Die rechte Spalte lassen Sie bitte noch frei, dazu kommen wir etwas später.

Ist:	So reagiere ich dann:	Soll:	
☐	Ich ziehe mich zurück.	⇧	⇩
☐	Ich schmolle.	⇧	⇩
☐	Ich bin wie vor den Kopf gestoßen.	⇧	⇩
☐	Ich beklage mich bei anderen.	⇧	⇩
☐	Ich sage nichts, aber trage nach.	⇧	⇩
☐	Ich gehe der Person aus dem Weg.	⇧	⇩
☐	Die Person ist für mich gestorben.	⇧	⇩
☐	Ich steigere mich weiter und weiter hinein.	⇧	⇩
☐	Meine Gedankenmühle läuft unablässig.	⇧	⇩
☐	Ich provoziere.	⇧	⇩
☐	Ich mache den anderen verbal fertig.	⇧	⇩
☐	Ich werde aggressiv.	⇧	⇩
☐	Ich knalle Türen oder werfe Gegenstände.	⇧	⇩
☐	Ich duze mein Gegenüber.	⇧	⇩
☐	Ich mache die Person bei Dritten schlecht.	⇧	⇩
☐	Ich schimpfe (auch/oder nur bei anderen).	⇧	⇩
☐	Ich schmiede Rachepläne.	⇧	⇩
☐	Ich zahle es ihm irgendwie heim.	⇧	⇩
☐	Ich mache mich über den anderen lustig.	⇧	⇩
☐	Ich rede laut über die Person, sodass sie mich hört, spreche sie aber nicht direkt an.	⇧	⇩
☐	Ich werde kühl, aber bleibe sachlich.	⇧	⇩

Ist:		Soll:
☐	Ich bin ruhig und konstruktiv.	⇑ ⇓
☐	Ich denke „Jedem das Seine".	⇑ ⇓
☐	Ich überhöre gezielt.	⇑ ⇓
☐	Ich stelle Fragen.	⇑ ⇓
☐	Ich bringe den anderen „runter".	⇑ ⇓
☐	Ich gehe in die Defensive.	⇑ ⇓
☐	Ich wünsche dem anderen Schlechtes.	⇑ ⇓
☐	....	⇑ ⇓
☐	....	⇑ ⇓

Ist:	Stimme & Sprechweise:	Soll:
☐	Ich werde laut.	⇑ ⇓
☐	Meine Ausdrucksweise wird grob.	⇑ ⇓
☐	Ich spreche schneller.	⇑ ⇓
☐	Ich komme ins Stottern.	⇑ ⇓
☐	Ich werde leiser.	⇑ ⇓
☐	Es verschlägt mir die Sprache.	⇑ ⇓
☐	Meine Stimme überschlägt sich.	⇑ ⇓
☐	Meine Stimme wird piepsig.	⇑ ⇓
☐	Ich rede beschwichtigend und lenke ein.	⇑ ⇓
☐	Ich werde sarkastisch.	⇑ ⇓
☐	Mein Ton wird missbilligend.	⇑ ⇓
☐	Ich werde schnippisch.	⇑ ⇓
☐	....	⇑ ⇓
☐	....	⇑ ⇓

Ist:	Körpersprache:	Soll:
☐	Ich schaue dem anderen fest in die Augen.	⇑ ⇓
☐	Ich starre vorwurfsvoll.	⇑ ⇓

☐	Ich baue mich vor dem anderen auf.	⇧	⇩
☐	Ich schaue/drehe mich weg.	⇧	⇩
☐	Ich gehe weg.	⇧	⇩
☐	Ich werde fahrig.	⇧	⇩
☐	Ich werde rot.	⇧	⇩
☐	Mir schießen die Tränen in die Augen.	⇧	⇩
☐	Ich verhalte mich unterwürfig.	⇧	⇩
☐	Meine Mimik sagt deutlich, was ich denke.	⇧	⇩
☐	Ich zittere vor Zorn.	⇧	⇩
☐	....	⇧	⇩
☐	....	⇧	⇩

Jetzt haben Sie ein Persönlichkeitsbild von sich, das Sie natürlich nicht überraschen wird. Man kennt sich ja! Damit haben Sie den Grundstein für mehr Souveränität gelegt. Auf diesem Fundament bauen wir nun auf:

souveräne (Re-)Aktion

Nervenstärke entwickeln Einstellung · differenzieren · kalibrieren

meine Ziele + mein Anspruch an mich

Selbsterkenntnis

Was bringt mich warum aus der Fassung? Wie wirkt es sich aus? Was ist mein Verhaltensrepertoire?

30 *Ob wir jemanden als Arschloch empfinden, hängt von unserem Selbstbewusstsein, unseren Erfahrungen und unserem Temperament ab. Im akuten Fall reagieren wir automatisch nach unserem individuellen Verhaltensrepertoire. Es ist wichtig, diese Verhaltenstrampelpfade zu kennen, um sich im Ernstfall nicht von ihnen beherrschen zu lassen, sondern unseren gesamten Handlungsspielraum ausschöpfen zu können.*

1.2 Mein Selbstmanagement-Ziel

Ihr generelles Ziel ist es, nicht einfach alles mit sich machen zu lassen, sondern ungute Zeitgenossen in die Schranken zu weisen. Doch was möchten Sie denn nun eigentlich genau erreichen?

Wie möchten Sie angesichts von Arschloch-Verhalten am liebsten denken, sein und handeln? Und: Was ist Ihr Anspruch an sich selbst?

So ist mein Ideal

Eben haben Sie Ihr bisheriges Verhaltensrepertoire erkundet. Lassen Sie uns nun feststellen, was Sie an Ihrem jetzigen Verhalten gerne optimieren möchten. Dazu nehmen Sie sich die Verhaltenstabelle noch einmal vor. Zunächst füllen Sie bitte die rechte „Soll-Spalte" aus: Zeichnen Sie mit einem bunten Stift ein, wovon Sie jeweils mehr ⇧ und wovon Sie weniger ⇩ haben möchten.

Alles, was Sie für erstrebenswert halten, auch wenn Sie es bislang noch nicht in Ihrem Verhaltensrepertoire haben, bekommt ein ⇧. Alles, was Sie nicht mehr oder nicht mehr so ausgeprägt tun möchten, bekommt ein ⇩.

Fertig? Dann schauen Sie sich alles, was Sie eingezeichnet haben, noch einmal an und ziehen Sie Bilanz: Was sind die gemeinsamen Nenner der von Ihnen als erstrebenswert markierten Verhaltensweisen?

Ich will mehr ....
....
Ich will weniger ....
....
Ich will (mich) nicht mehr ....
....

Diese Ziele könnten beispielsweise so aussehen:
● Ich will mehr Ruhe in solchen Situationen bewahren und nicht so schnell ausflippen.
● Ich will weniger unsachlich und ausfallend werden, sondern sachlich meine Ansichten vertreten.
● Ich will mich nicht mehr stunden- oder gar tagelang über irgendeinen Blödsinn ärgern.

Mein Anspruch an mich selbst
Meiner Erfahrung nach ist es sehr wichtig, einen klaren Anspruch an sich selbst zu haben. Etwas, das immer gilt, ganz egal, in welcher Situation Sie sich befinden. Dieser Anspruch ist eine klare Grundregel,

an die Sie sich halten, einfach weil Sie es für richtig halten.

Mein Anspruch an mich ist beispielsweise: „Ich will mit anderen respektvoll umgehen", ganz nach dem Grundsatz: „Was du nicht willst, dass man dir tu". Das gelingt mir nicht immer auf Anhieb, aber es ist der Maßstab, dem ich gerecht werden möchte. Im Alltag ist das eine wichtige Erinnerung. Im Umgang mit Idioten sagt er mir: „Begib dich nicht auf das gleiche Niveau!" Vergreife ich mich trotzdem im Ton, merke ich sofort, dass ich gegen meinen Anspruch handle, und kann mich korrigieren. Ganz wichtig: Diese Korrektur, indem ich auf eine konstruktivere Schiene wechsle oder mich sogar für eine ungute Reaktion entschuldige, ist immer freiwillig, zu meinem Vorteil und sie fühlt sich gut an.

Was könnte Ihr Anspruch an sich sein? Wählen Sie etwas, das Ihnen wichtig ist, wofür Sie stehen möchten und das Sie in einem Satz zusammenfassen können.

Nun ist es das eine, sich hehre Ziele zu setzen, aber etwas ganz anderes, sie zu leben! Gerade in schwierigen Situationen, wo die Gefühle oft wie ein Tornado über uns hinwegfegen. Bevor wir zu mehr Nervenstärke kommen, stelle ich Ihnen vier hilfreiche Wahrheiten vor, die Ihnen dabei helfen, Ihre Ziele in die Tat umzusetzen.

Das muss mich nicht treffen.
Sie müssen sich weder alles reinziehen noch zu Herzen nehmen. Allein die Alternative, dass Sie etwas nicht treffen MUSS, weist neue Wege. Das gilt sogar für ge-

zielte Angriffe. Vor vielen Jahren hat mir jemand ein gutes Bild dazu vermittelt: Wenn jemand einen Mülleimer über Ihnen ausschüttet, brauchen Sie nicht stehen zu bleiben und es über sich ergehen lassen! Sie können einfach einen Schritt zur Seite treten.

Gut, dass ich nicht so bin!

Besonders in Situationen, in denen Sie nicht aktiv werden möchten, etwa weil Ihnen ein Fremder dumm kommt, ist es eine Genugtuung, dass diese Person durch ihr Verhalten garantiert allerhand Probleme in ihrem Leben hat. Dieser Gedanke ist sehr hilfreich, eine Situation auf sich beruhen zu lassen. Das „Gut, dass ich nicht so bin!" erinnert Sie außerdem an Ihren eigenen Anspruch.

Das ist nicht meine Schlacht.

Im Englischen gibt es den schönen Spruch „pick your battles". Das bedeutet, dass Sie Ihre Schlachten klug auswählen: Ist mir diese Sache wirklich wichtig? Ist es nötig, mich mit dieser Person anzulegen? Bringt eine Diskussion wirklich etwas? Ist es mir den Aufwand und Ärger wert?

Ich habe die Wahl.

So unmöglich sich eine andere Person verhält: Sie haben die Wahl, ob und wie Sie überhaupt reagieren, wie Sie eine Sache bewerten, wie Sie mit der anderen Person jetzt und künftig umgehen möchten, ob Sie etwas daraus lernen. Sie können zu 100 Prozent über diese Aspekte bestimmen! Ist das nicht großartig?

30 *Besonders von unangenehmen Zeitgenossen kön-nen wir jede Menge über uns lernen. Wie gehen Sie bisher mit unmöglichem Verhalten um – und wie fänden Sie es besser? Sie haben die Wahl, wie Sie mit dem Verhalten anderer umgehen wollen.*

1.3 Nervenstärke entwickeln

Das größte Hindernis beim Streben nach mehr Souverä-nität ist es, aus der Fassung zu geraten. Denn wenn das passiert, haben die Gefühle die Oberhand und diktieren, was wir tun – und was wir nicht tun. Darum lassen wir manchmal Dinge mit uns machen und später – wenn wir wieder denken können – fällt uns ein, was wir hätten sagen sollen. Und darum erschrecken wir manchmal selbst darüber, wenn wir uns zu einer groben Reaktion hinreißen lassen. Der Begriff „außer sich sein" gibt es perfekt wieder: Wir sind dann nicht wir selbst.

 „Jeder, der dich ärgert, versklavt dich auch", lautet ein weiser Spruch. Geben Sie niemandem diese Macht!

Damit wir nicht aus der Fassung geraten, brauchen wir Selbst-Sicherheit. Wenn Sie sich gut kennen, können Sie sich auf sich verlassen. Und Sie können das, was momentan noch kontraproduktiv ist, in Ihrem Sinn verbessern – darum haben Sie einen klaren Anspruch an sich selbst und setzen sich konkrete Ziele. Darauf bauen wir nun auf.

Ich zeige Ihnen drei wichtige Souveränitätsbausteine, die mit Ihrer inneren Einstellung zu tun haben. Außerdem lernen Sie die Macht des Kalibrierens kennen. Zusammen sorgen diese Bausteine für mehr Nervenstärke.

Einstellung

Wenn Sie gerade mit den Augen rollen, weil ich Ihnen mit der „richtigen Einstellung" komme, verstehe ich das. *Der andere ist doch der Depp!*

Lassen Sie mich erklären, was genau ich meine: Es geht nicht darum, klein bei- oder nachzugeben, einen Fehler bei sich zu suchen, päpstlicher als der Papst zu sein, sich eine Sache schönzureden, mildernde Umstände oder Entschuldigungen für den anderen zu finden.

Sondern es geht darum,

- handlungsfähig zu sein, um für sich einzustehen,
- unabhängig von anderen agieren zu können,
- ultimativ HerrIn über Handeln, Gefühle und Selbstbewusstsein zu sein,
- sich seiner Wirkung bewusst zu sein und sich so zu verhalten, dass es dem Image zuträglich ist.

Hier habe ich drei Souveränitätsbausteine für Sie, die Sie sich ab sofort zu eigen machen können:

Die wenigsten Menschen sind bösartige Teufel.

Wer davon ausgeht, dass die meisten Menschen nette Leute wie Sie und ich sind, vermutet nicht überall böse Absichten, Angriffe und Intrigen. Das ist nicht als mildernder Umstand oder gar Freibrief für blödes Verhalten gedacht, sondern hilft Ihnen dabei, ausgewogener zu bewerten.

So manches Mal ist eine Laus der Übeltäter!

Wenn Sie davon ausgehen, dass der andere sich deshalb gerade schwierig verhält, weil es etwas mit ihm selbst zu tun hat, dann brauchen Sie es nicht persönlich zu nehmen. Zumal wir es aus eigener Erfahrung kennen, dass wir für schlimmes Verhalten oft gute Gründe haben.

What goes around comes around.

Manche Leute nennen es „Karma", aber ich meine es ganz unspirituell: Man erntet tatsächlich, was man sät. Unfaires, verletzendes oder ignorantes Verhalten kommt in irgendeiner Form zurück. Ganz einfach: weil Aktion zu Reaktion führt. Um rüpelhafte Menschen macht man einen Bogen; lästert jemand hinter dem Rücken eines anderen, so fragt man sich: „Was sagt er/sie nur über mich, wenn ich zur Türe hinaus bin?", und und und.

Kalibrierung

Ich hatte bereits erwähnt, dass Sie zu 100 Prozent entscheiden können, wie und ob Sie etwas trifft, und dass Sie die Wahl haben, wie Sie damit umgehen. Das ist aber nur die halbe Wahrheit.

Wie wir eine Person oder eine Situation bewerten, entscheidet darüber, wie sehr uns etwas an die Nieren geht.

Nun gibt es zahlreiche Umstände, die dazu führen, dass wir ein dünneres Fell als sonst haben:

- Die Tages-(bzw. Augenblicks-)Form: Es geht uns nicht gut, wird haben schlecht geschlafen, nichts gegessen oder sind durch etwas anderes genervt.
- Wir haben berufliche oder private Probleme, die uns sehr bedrücken.
- Das Gegenüber macht uns verrückt, vielleicht sogar schon länger (Unzufriedenheit gärt); manchmal erinnert uns jemand auch einfach nur an jemanden, den wir nicht mögen.
- Der berühmte „Knopf" wird gedrückt: ein wunder Punkt, eine frühere Erfahrung, ein Streitthema.
- Wir sind aufgestachelt: durch die Meinung anderer oder weil wir uns negativ hineingesteigert haben.

Das sind Einflüsse, die dazu führen, dass wir uns nicht wie sonst verhalten. In dieser Verfassung sieht man die Umwelt mit einer anderen Brille: Man ist harscher, ungeduldiger und die Anzahl der Idioten steigt rapide. Stellen Sie sich einen zu fein eingestellten Auto-Alarm vor: Eine Fliege hat sich ins Auto verirrt und jetzt hupt der Alarm los. Dabei ist gar nichts passiert. Niemand versucht, das Auto zu klauen. Es ist nur eine Fliege. Die ganze lärmende Aufregung ist umsonst. Genauso ist das auch, wenn unser Arschloch-Radar zu fein eingestellt ist. Wir bewerten anders, urteilen härter und regen uns schneller auf. Darum ist es wichtig, diesen Radar zu überprüfen und ihn gegebenenfalls zu kalibrieren.

Kalibrieren ist ein Begriff aus der Technik: Man misst Abweichungen „vom Normal" und stellt das Gerät wieder korrekt ein. Wenn Sie merken, dass Sie ungewöhnlich stark auf etwas reagieren, dann ist das ein Anzeichen, dass Ihr Radar gerade überempfindlich ist.

Wenn Sie das erkannt haben,
- sinkt Ihr Blutdruck automatisch, vielleicht können Sie auch amüsiert über sich selbst lachen.
- können Sie gegensteuern und handeln nicht aus den momentanen „zu feinen Antennen" heraus.
- gibt es Ihnen das wichtige Signal, sich zu fragen: Warum bin ich heute so drauf? Was fehlt mir? Was könnte ich tun, damit ich mich wieder „auf Normal" bringe? Manchmal genügt es, ein wenig Abstand und Zeit für sich zu gewinnen. Und aus eigener Erfahrung kann ich Ihnen sagen, dass es mitunter etwas ganz Banales ist: Essen Sie etwas!
- können Sie der anderen Person auch einfach sagen: „Weißt du was, lass uns morgen darüber reden, momentan regt mich das einfach zu sehr auf."

- *Wenn wir jemanden als Arschloch empfinden, hat das in erster Linie mit uns selbst zu tun. Vieles stört uns überhaupt nicht, anderes lässt uns gleichgültig mit den Schultern zucken.*

- *Das Fundament dafür, souveräner zu agieren, ist die Selbsterkenntnis, was Sie warum aus der Fassung bringt und wie es sich auswirkt.*

- *Im Umgang mit schwierigen Menschen verfallen wir schnell in Automatismen: Wir ziehen uns zurück, die Gedankenmühle läuft an oder wir schmieden Rachepläne.*

- *Es ist wichtig, sich Selbstmanagement-Ziele zu setzen: Wie möchten Sie Ihr Verhaltensrepertoire optimieren?*

30

30 MINUTEN

2. Das Gegenüber

Das Zähmen von Arschlöchern ist nur möglich, wenn Sie etwas Mehrarbeit übernehmen: Egal, wie sehr Sie sich im Recht fühlen, und unabhängig davon, wie sauer oder verletzt Sie sind: Wenn Sie die Situation in Ihrem Sinne klären wollen, ist es Ihre Aufgabe, für den anderen mitzudenken. Sie haben eine Menge davon!

2.1 Ursachen von Idioten-Verhalten

Kaum ein Mensch ist abgrundtief böse. Wenn wir im Alltag mit Angriffen, Beleidigungen und ignorantem Verhalten konfrontiert werden, hat das meistens seine Gründe. Gründe, die wir alle durchaus nachvollziehen können, weil es uns oft genug ganz genauso geht!

Gute Gründe, sich blöd zu benehmen
Holen Sie sich bitte einen Stift und kreuzen Sie alle „Zustände" an, die Sie aus eigener Erfahrung kennen.

„Ich bin unausgeglichen."

❏ ... unausgeschlafen, ungeduldig, nicht genug gegessen, laufe dauernd auf Hochtouren, ohne mich zu entspannen, mein Nervenkostüm ist dünn.

„Mir ist eine Laus über die Leber gelaufen."

❏ ... mit dem falschen Fuß aufgestanden; „bad hair day"; bin einfach gerade grantig, habe mich über etwas/jemanden/mich selbst geärgert.

„Ich fühle mich überfordert."

❏ ... jeder will ständig etwas von mir; ich bin für alles zuständig, muss dauernd Entscheidungen treffen, alles organisieren und jonglieren.

„Ich bin frustriert."

❏ .... es läuft nicht so, wie ich will; ich bin mit mir, der Welt, dem Beruf oder dem Leben unzufrieden; ich fühle micht nicht ernst/wahrgenommen.

„Es geht mir nicht gut."

❏ ... ich fühle mich unwohl: weil ich gesundheitlich angeschlagen oder regelrecht krank (z. B. Kopfschmerzen) oder psychisch belastet bin.

„Ich bin unsicher."

❏ ... ich verhalte mich ungeschickt; ich sage/tue etwas, das mir gar nicht entspricht, um zu kompensieren; ich bin sozial ungelenk.

„Ich bin gedankenlos."

❏ ... ich trete in einen Fettnapf; sage, was mir spontan in den Sinn kommt; bin taktlos, weil ich bestimmte Umstände nicht beachte ...

„Ich schlage zurück."

❏ ... ich fühle mich in die Ecke getrieben; gehe zum Gegenangriff über; trage nach; zahle heim; will den anderen spüren lassen, wie es mir geht.

„Ich bin anders."

☐   ... meine Erziehung, Persönlichkeit, Temperament ist anders; mein Verständnis von Kommunikation und Verhalten unterscheidet sich.

Damit sind wir auch schon beim wichtigsten Schlüsselfaktor für den Umgang mit schwierigen Situationen: Selbstmanagement. Genauer gesagt Impulskontrolle. Auch wenn die genannten Auslöser ungutes Verhalten begünstigen, heißt das natürlich nicht, dass es automatisch folgt. Viele Menschen haben Rachegedanken, schmieden im Kopf gemeine Pläne, würden aber nie danach handeln. Oder sie haben einen schlechten Tag, können sich aber insoweit selbst regulieren, dass sie es eben nicht an anderen auslassen. Diese Art von Impulskontrolle hat nicht jeder automatisch. Sie ist eng damit verbunden, wie selbstbewusst wir sind und welche Selbstregulierungsstrategien uns zur Verfügung stehen.

Oft gibt es gute Gründe, die dazu führen, dass wir uns ungeschickt verhalten. Viele haben mit Unsicherheit, Unwohlsein und Überforderung zu tun. Es ist heilsam, sich das ehrlich vor Augen zu führen.

2.2 Typen von Arschlöchern

Unangenehme Begegnungen kommen in allen Formen und Farben vor. Aber: Nicht jede Begegnung ist gleich wichtig! Je nachdem, mit wem Sie es zu tun haben, können Sie ganz unterschiedlich damit umgehen. Wenn ein Fremder Sie an der Supermarktkasse von der Seite anmacht, werden Sie nicht großartig herumanalysieren. Legt aber Ihre Partnerin oder der Chef eine Verhaltensweise an den Tag, die Sie unmöglich finden, ist Handlungsbedarf angesagt. Grobes Verhalten ist nicht gleich grobes Verhalten.

Shit happens!

Wie wir eben schon gesehen haben, laufen viele solcher verunglückten Begegnungen unter „Unfall". Aus dem Moment heraus verhält sich jemand grob oder verletzend, oft genug bereut die Person es hinterher selbst. Das macht die Situation nicht angenehmer und soll keinesfalls einen Freischein für krasses Verhalten ausstellen! Aber: Es nimmt Zündstoff heraus, wenn ein ungutes Verhalten nicht aus böser Absicht entsteht und vor allen Dingen nicht dauerhaft ist. Es gibt aber noch eine weitere Dimension: Oft bringt uns ein ganz bestimmtes Verhalten immer wieder aus der Fassung, und zwar ganz unabhängig davon, wie wir zum Gegenüber stehen. Manchmal sind es Kleinigkeiten, auf die wir allergisch reagieren. Was uns auf die Palme bringt, sagt uns eben auch viel über uns selbst. Sehen wir uns einige Typen an:

Die Schmeißfliege

Sie kennen das: Sie sitzen im Sommer gemütlich draußen und plötzlich werden Sie ständig von dieser nervigen, laut brummenden Fliege attackiert. Sie wedeln mit der Hand, schütteln den Kopf, schimpfen. Die Fliege ist gänzlich unbeeindruckt und Sie werden immer wütender. Mit der Ruhe ist es vorbei! So ein Schmeißfliegenverhalten zeigen auch Menschen mitunter: Sie provozieren, um eine bestimmte Reaktion von Ihnen zu erhalten.

Der Gefühlegodzilla

Er ist ignorant, will Ihnen etwas heimzahlen oder benimmt sich einfach ständig wie die Axt im Wald: Der Gefühlegodzilla trampelt auf Ihren Gefühlen – und Bedürfnissen – herum. Wenn er loslegt, dann wächst kein Gras mehr. Konfrontieren Sie ihn, dreht er den Spieß gerne um: „Nun stellen Sie sich mal nicht so an! Sie sind aber auch sensibel!" Setzt man sich dauerhaft einem Gefühlegodzilla aus, entstehen viele Scherben, die oft nicht mehr zu kitten sind.

Die Giftschlange

Sie redet schlecht über andere, nutzt wunde Punkte aus, sät Selbstzweifel und Zwietracht. Sie lästert gerne und urteilt hart. Sie teilt aus, steckt aber schlecht ein. Beleidigungen werden oft so verpackt, dass man nicht eindeutig sagen kann, ob es so gemeint war, oder sie zeigt dem Umfeld ein völlig anderes Gesicht.

Der Auftrumpfer

„Alles, was du kannst, das kann ich viel besser ..." Der Auftrumpfer ist größer, schlauer, besser. Er hat alles schon gemeistert, weiß viel mehr und zeigt Ihnen Ihre Unzulänglichkeiten gerne auf. Manchmal richtiggehend genussvoll. In extremen Fällen macht er andere systematisch klein, gerne auch im Beisein anderer. Er weiß genau, was Sie nicht können, nie schaffen, und betet Ihnen mitunter frühere Vorhaben oder Fehler gnadenlos vor, um Sie zu erinnern, was Sie schon alles nicht geschafft haben.

Dramaqueen und -king

Alles, was die Dramaköniginnen und -könige betrifft, wird aufgebauscht: Das sind die Leute, die aus Mücken Elefanten und aus Elefanten Dinosaurier machen. Alles, was dem Drama-Adel passiert, ist schlimmer als das, was Ihnen je passieren könnte. Wenn Sie sich unglücklich verhalten oder etwas versäumt haben, ist die Hölle los. Oft ist das Drama auch mit Hysterie oder Endlosvorwürfen verbunden, was meist noch schwieriger ist als die Sache, um die es geht.

Miss/Mister Personality

Sie sind die besten, schönsten, wichtigsten Menschen überhaupt und ihre Meinung ist das Maß aller Dinge. Manchmal ist es nur eine hervorstechende Eigenschaft, die alles überschattet. Zum Beispiel der Angeber, der von früh bis spät aufzählt, was er nun schon wieder alles Tolles gemacht hat. Das ist manchmal besonders schwer: Eigentlich mag man jemanden mögen, aber er/sie macht es einem so schwer mit dieser einen Sache.

Der Lügner und Betrüger

Mit der Wahrheit nimmt er es nicht genau. Prinzipien hat er nur, solange sie ihm selbst nützen. Auf das, was er sagt, kann man sich nicht verlassen. Er erfindet, übertreibt und sagt, was strategisch für ihn gerade günstig ist. Er ist sehr gut darin, vor sich selbst und anderen abzuwiegeln und sich darin zu bestärken, dass er richtig gehandelt hat: egal ob er eine Idee stiehlt, sonst wie übervorteilt und hinters Licht führt.

Der Schulmeister

Er redet auf einen herunter, spricht mit einem wie mit einem ungezogenen Kind oder poltert wild, um Angst und Schrecken zu verbreiten. In Extremfällen wirft er mit Türen oder sonstigen Gegenständen oder wird sogar handgreiflich. Der Schulmeister will Recht bekommen, macht andere gerne klein, um sein Ego zu streicheln. Er bestimmt und kontrolliert.

Der Nase-überall-Reinstecker

Alles wissen wollen, alles kommentieren, sich überall einmischen. Oft ist der Nasenreinstecker gleichzeitig Küchenpsychologe oder bringt das Universum ins Spiel. Dann bekommen Sie gesagt, dass Sie sich Krankheiten selbst erworben haben, dass es kein Wunder ist, dass Sie Ihren Job verloren haben oder Ihre Beziehung in die Brüche gegangen ist: Die jeweilige psychologische, religiöse oder esoterische Begründung wird mit-

geliefert. Dieser Typ hat einen starken Hang zum Flur-
funk: Er erzählt gerne weiter, natürlich unter dem Sie-
gel der Verschwiegenheit.

Der emotionale Erpresser

Mit Gefühlen zu drohen, ist eine sehr perfide Art, andere unter Kontrolle zu bekommen. Im Gegensatz zum
Schulmeister kann das sehr subtil geschehen. Der emotionale Erpresser arbeitet mit Ihrem schlechten Gewissen: Du bist schuld, dass es mir schlecht geht. Ich habe
xy nur getan, weil du z gemacht hat. Extrembeispiele
emotionaler Erpressungsversuche sind:

- „Du hast mich so wütend gemacht, ich konnte nicht
  anders, als dich zu schlagen."
- „Wenn du mich verlässt, bringe ich mich um."

Keine Frage: Alle diese Typen haben einen sehr hohen
Nervfaktor, aber nicht jeder hat die gleiche Bedeu-
tung. Viele können Sie getrost ignorieren oder gezielt
parieren (-> Kap. 4.3). Anders sieht es natürlich aus,
wenn Sie mit den Leuten in einer engeren Beziehung
stehen.

Nicht jedes ungute Verhalten ist gleich bedeutend.
Gehen Sie ökonomisch mit Ihrem Ärger um. Wir
können andere nicht kontrollieren, aber klare
Grenzen ziehen.

2.3 Die Beziehung spielt eine Rolle

Wenn zwei das Gleiche tun, ist es noch lange nicht dasselbe. Nicht nur, weil wir je nach Gegenüber die gleiche Sache unterschiedlich bewerten. Sind wir anderen beruflich oder privat enger verbunden, geht es um mehr.

In welcher Beziehung stehen Sie?

Manche Beziehungen suchen wir uns aus, in andere geraten wir hinein. Familie und Verwandte, Bekannte und Freunde ... und deren Freunde zum Beispiel. Oder der Alltag bringt uns mit Menschen zusammen:

- Sie nehmen einen neuen Job an und der Zimmerkollege erweist sich als Schulmeister.
- Ein guter Freund heiratet eine Giftschlange.
- Sie ziehen um und wohnen plötzlich Tür an Tür mit einem Nase-überall-Reinstecker.

Dann gibt es noch die selbst gewählten Beziehungen: unsere Partner, Freunde und Bekannten. Gerade die Menschen, die uns im Leben am nächsten stehen, sollten sich nicht wie Arschlöcher verhalten. Tun sie es doch, ist es besonders wichtig, zu handeln.

Bleiben wir gleich mal bei den selbst gewählten, engeren Beziehungen: Im Idealfall schauen Sie gerade wie ein Auto, weil es Ihnen völlig absurd erscheint, dass Sie Ihrer/Ihrem Liebsten oder einem Ihrer Freunde Arschloch–Verhalten attestieren. Lesen Sie in diesem Fall direkt ab Kap. 3 weiter. Wenn es in Ihrem engeren Kreis Menschen gibt, die sich schäbig oder grob verhalten, dann sind Sie keineswegs allein. Umso wichtiger, spätestens jetzt damit aktiv umzugehen. In den nächsten beiden Kapiteln bekommen Sie praktische Unterstützung, wie Sie das tun können.

Beziehungs-Schnelltest
Gibt es unter diesen Aussagen welche, die Sie ankreuzen können, wenn Sie an Menschen Ihres engsten Umfeldes, Ihre/n PartnerIn, Familie, Freunde, denken?

❑ Die Person gibt mir das Gefühl, nichts wert zu sein.
❑ Sie interessiert sich überhaupt nicht für mich.
❑ Sie spricht abfällig und grob mit mir.
❑ Sie macht sich vor anderen lustig über mich.
❑ Sie macht mir jede gute Stimmung zunichte.
❑ Sie nimmt mir systematisch das Selbstvertrauen.
❑ Sie zerstört jede Zuversicht.
❑ Sie hält mich für dumm.
❑ Sie unterminiert meine Vorhaben.
❑ Sie schweigt längere Zeit demonstrativ.
❑ Sie schiebt mir für alles die Schuld in die Schuhe.
❑ Sie wird schnell aggressiv und lässt es an mir aus.

Es scheint unangemessen, von Arschlöchern zu sprechen, wenn es um eine Liebesbeziehung, um Familie oder Freunde geht. Gerade weil die Beziehung enger ist, erlauben sich manche Menschen Dinge, die sie Fremden nie antun würden.

Familienbande, Liebe oder einfach Zweckgemeinschaften haben noch ein größeres Problem: Abhängigkeiten. Wir sind anderen emotional verbunden oder es gibt gegenständliche Abhängigkeiten, etwa das gemeinsame Haus, die Finanzen. Dazu kommen Erwartungen an uns selbst, das Leben und Beziehungen: „Blut ist dicker als Wasser", „Als guter Freund ...", „Aber ich liebe ihn/sie doch!" Oft führen solche Überzeugungen dazu, dass wir unmögliches Verhalten tolerieren. Das ist keine Lösung! Denn Sie leiden nicht nur darunter, sondern verleiden sich das Leben. Noch schlimmer: Bereits kleine Verhaltensweisen, die Sie unmöglich finden, aber in sich hineinfressen, können dauerhaft das Klima versauen, es gibt Streit und Unmut. Auf lange Sicht werden auf diese Weise selbst die besten Beziehungen brüchig. Eine Beziehung gibt nicht das Recht ...

- respektlos miteinander umzugehen,
- Bedürfnisse und Grenzen zu missachten,
- alles ungefiltert am anderen auszulassen.

Wenn Beziehungen nicht guttun ...

Die wichtigste Aussage dieses Buches ist, dass Sie sich nicht allem aussetzen müssen. Es gibt in unserem Leben Beziehungen, mit denen wir leben müssen oder wollen: In diesen Fällen liegt es an uns, die Beziehungen aktiv mitzugestalten: mit dafür zu sorgen, dass sie positiv und gut für alle Beteiligten laufen – und klar und deutlich die Verantwortung für die eigenen Grenzen zu übernehmen. Es gibt aber immer auch Beziehungen, die uns auf

Dauer nicht nur nichts bringen, sondern uns schaden. Dann liegt es an uns, diese Beziehungen zu verändern. Entweder auf Abstand zu gehen oder sie zu kappen. Sie müssen nicht jeden mögen und Sie müssen nicht mit jedem gut Freund sein. Aber Sie sollten einen klaren Anspruch an sich selbst haben (s. Kap. 1.2), denn natürlich müssen wir zivil mit anderen umgehen können, zum Beispiel im Kollegenkreis.

Vielleicht wissen Sie an dieser Stelle ganz genau, welche Beziehungen Ihnen schon lange nicht mehr guttun. Dann ist eine wichtige Entscheidung: Möchte ich diese Beziehung in irgendeiner Weise retten? Oder den Kontakt abbrechen?

Zu einer Beziehung gehören immer zwei, ganz egal ob es um eine private oder berufliche Beziehung geht. Das bedeutet auch, jemanden darauf hinzuweisen, wenn er Grenzen überschreitet oder verletzend ist. Nicht nur weil Sie für sich eintreten, sondern weil es auch für den anderen wertvolles Feedback ist. Doch was ist mit negativen Konsequenzen? Kann man seinen Chef mit seinem Verhalten konfrontieren? Sollte ich meine große Liebe auf eine verletzende Angewohnheit ansprechen oder führt das nur zu einem großen Streit? Erst recht wenn Sie mit Menschen immer wieder zusammentreffen, ist es wichtig zu handeln. Denn sonst leiden Beziehungen sehr viel mehr darunter. Ich stelle Ihnen im nächsten Kapitel unterschiedliche Konfrontationsoptionen vor. Etwas Wichtiges vorab: Sie können jedem alles sagen. Entscheidend ist immer das WIE.

- *Es ist sinnvoll, sich der Auslöser für Idiotenverhalten bewusst zu werden.*
- *Mit diesem Perspektivenwechsel nehmen Sie Emotionen raus, blicken verständnisvoller und sachlicher auf die Situation.*
- *Es gibt unterschiedliche Typen von Arschlöchern. Je nachdem, mit wem wir es zu tun haben, können wir einiges über uns selbst lernen.*
- *Je nachdem, in welcher Beziehung wir zu anderen stehen, verändert sich unsere Toleranz- und Leidensgrenze. Wenn Menschen, mit denen wir immer wieder zusammentreffen, ein für uns sehr ätzendes Verhalten an den Tag legen, ist es besonders wichtig, aktiv zu werden. Manchmal bedeutet das auch, Beziehungen zurückzuschrauben oder ganz abzubrechen.*

30

30 MINUTEN

3. Konfrontation

Sie sind wild entschlossen, das Arschloch zur Rede zu stellen? Sehr gut! Denn damit ziehen Sie eine wichtige Grenze: *Mit mir nicht!* Und Sie geben dem anderen die Möglichkeit, sich über sein Verhalten überhaupt klar zu werden.

Doch vorher gibt es noch einiges zu bedenken.

3.1 Eine gute Vorbereitung

Auch wenn Arschloch-Attacken in der Regel unerwartet kommen, können Sie sich wunderbar für den Ernstfall vorbereiten! Relevant sind dafür diese drei Faktoren:

- Konfrontationsoptionen wählen
- Selbstkontrolle üben
- Was wollen Sie überhaupt?

Konfrontationsoptionen

Reagieren wir aus dem Affekt auf ein blödes Verhalten, ist unser Handlungsspielraum eingeschränkt. Die Emotionen übernehmen das Ruder, allzu schnell verfallen wir in gewohnte Automatismen (-> Mein Verhaltensrepertoire, Kap. 1.1). Tatsächlich haben Sie einen ganzen Strauß an Reaktionsmöglichkeiten:

Option 1: Sie lassen sich provozieren.

Provokationen können beabsichtigt sein, etwa wenn jemand unentwegt stichelt, um Sie zu einer Reaktion zu veranlassen. Es kann aber auch sein, dass Sie ein Verhalten als Provokation empfinden, weil einer Ihrer Knöpfe gedrückt wird. Das merkt Ihr Gegenüber unter Umständen erst aufgrund Ihrer heftigen Reaktion.

Wenn Sie sich provozieren lassen, schießen Sie ein Eigentor: Die andere Person erhält die Zügel, die Wahrscheinlichkeit, dass die Sache eskaliert, ist sehr groß, und unterm Strich stehen Sie schlecht da, sogar wenn Sie den anderen verbal fertigmachen können.

Option 2: Sie ziehen den Schwanz ein.

Sie können klein beigeben und dem anderen das Feld überlassen: ducken, beschwichtigen, zurückrudern, dem Gegenüber beipflichten. Das klingt schlimm und tatsächlich ist es eine sehr schlechte Option. Denn hier geben Sie dem Idioten die Trümpfe in die Hand. Er fühlt sich in seinem Verhalten bestätigt: „Ich bin im Recht!" ... Oder sogar: „Wieder bin ich damit durchgekommen!"

Wenn Sie bisher dazu neigen, sich klein zu machen und einzulenken, dann fühlen Sie sich deswegen bitte nicht schlecht. Es ist alles andere als einfach, wenn jemand poltert oder gemein ist, ganz besonders wenn Sie, wie die meisten Menschen, auf Harmonie bedacht sind. Sich zu ducken ist also keine befriedigende Lösung.

Option 3: Sie entziehen sich der Situation.

Sie können sich jederzeit dafür entscheiden, sich der Situation zu entziehen. Entweder indem Sie sich nicht einmischen, nicht auf das Gegenüber einsteigen oder sogar weggehen. Oft ist es damit getan, den einen oder anderen Kommentar bewusst zu überhören und damit den Zündstoffaspekt der Situation zu umgehen. Wenn Sie direkt betroffen sind, können Sie auch verkünden, dass Sie in diesem Ton oder „mit diesem Spielchen" nicht einverstanden sind. In Kap. 4 erfahren Sie mehr dazu.

Option 4: Sie nehmen die Zügel in die Hand.

Sie konfrontieren. Sprechen Klartext. Treten für sich ein. Dabei sind Sie tonangebend und steuern alles, was Sie direkt steuern können.

Der Clou bei dieser Option ist, dass Sie bestimmen, was geschieht. Auf souveräne, gute Weise – aber mit klar abgesteckten Grenzen. Keine Sorge: Es geht nicht darum, den anderen zu missionieren. Es geht einzig und allein darum, dass Sie sich weder an den Karren fahren noch die Butter vom Brot nehmen lassen.

Option 5: Sie ziehen Konsequenzen.

Ihre Konfrontationsoptionen gehen noch viel weiter, denn bei Menschen, die wir öfter treffen, steht auch die

Beziehung infrage. Unabhängig vom aktuellen Vorfall werden Sie sich also auch über die persönlichen Konsequenzen im Klaren: Wie wirkt sich das Arschloch-Verhalten auf unsere private oder berufliche Beziehung aus? Wie möchte ich, dass wir künftig miteinander umgehen beziehungsweise wie eng oder distanziert werde/möchte ich künftig mit dieser Person zu tun haben?

 Sie sind Deppen-Verhalten nie ausgeliefert! Sie können zu 100 Prozent darüber bestimmen, wie und ob Sie reagieren. Damit das gelingt, brauchen Sie ein gutes Selbstmanagement.

Impulskontrolle lässt sich üben

Wenn Menschen sich rücksichtslos und verletzend verhalten, haben sie eine mangelnde Impulskontrolle. Sie lassen etwas an anderen aus, geben sich Emotionen hin. Dasselbe gilt auch für Ihre Reaktion.

Eine typische Sofortreaktion auf ein Arschloch ist emotional: „So ein Depp!", „Was für eine Unverschämtheit!". Wenn wir uns so verhalten, sind wir nicht mehr HerrIn der Lage. Wir reagieren spontan, was meistens keine gute Idee ist, besonders wenn wir wütend oder verletzt sind. Denn jetzt sagen wir schnell Dinge, die wir nicht so meinen. Vor allem aber haben wir keinen klaren Kopf. Den brauchen wir aber, um die Situation in unserem Sinn zu klären. Für eine funktionierende Impulskontrolle brauchen Sie:

KiK

26757 Borkum
Deichstr. 54

F 2147   Kasse 1

Drogerie-Beautyartik
10476761.921.10000.00100
1 X   1.00   1.00

Telgschaber
1070256.989.10000.00199
1 X   1.99   1.99

Bademode
10868819.542.10130.00299
1 X   2.99   2.99

Damen-Hose
1082587.411.10140.00499
1 X   4.99   4.99

Summe =   Posten: 4   **10.97**

BAR   10.97

Brutto   10.97
MWST 19%   1.75
Netto   9.22

BonNr	BedNr	Datum	Uhrzeit
8421	1031	14.05.191	11:25

Steuernummer: DE 811 671 397

Online einkaufen unter www.kik.de
Sympathisch clever gut - KiK
*
Vielen Dank fuer Ihren Einkauf
4 Wochen Umtauschrecht mit Bon
Besuchen Sie uns auf Facebook
unter facebook.com/kik.de

Eine konstruktive Soforteinschätzung der Sach- und Gefühlslage:

- – Was ist hier los?
- – Wie geht es mir damit?
- – Welche Emotionen melden sich?

Das Bewusstsein, dass das, was Sie jetzt tun, den Fortgang bestimmt:

- – Wie sieht meine Körpersprache aus?
- – Was sage oder tue ich?
- – Wie sage ich es?

Statt Spontaneität ist besonnenes Handeln gefragt. Das ist gerade im Beisein von Idioten alles andere als einfach! Umso wichtiger, im ganz normalen Alltag zu beginnen, die Grundvoraussetzungen dafür zu trainieren.

Übungsprogramm Befindlichkeit

Beim Befindlichkeitstraining geht es kurz und knapp um: „Wie geht es mir gerade?" Achten Sie ab heute intensiver darauf, wie es Ihnen gerade geht – und warum das so ist:

⇨☺ Sie gehen lächelnd aus dem Meeting? Sind Sie glücklich, weil Ihre Idee angenommen wurde? Sind Sie guter Dinge, weil das Projekt unkomplizierter vorangeht als gedacht? Oder sind Sie einfach erleichtert, weil ein Fehler, den Sie gemacht haben, nicht zu einer Standpauke geführt hat?

⇨☺ Sie sind gerade neutral drauf. Warum ist Ihre Stimmung nur mittelmäßig? Hat ein Kommentar Ihre Stimmung gedämpft? Haben Sie heute so viel zu tun, dass es ein unschöner Hamsterradtag wird? Oder haben Sie auf Autopilot geschaltet, ohne auf sich selbst zu achten?

⇨☹ Beim Blick aufs Telefondisplay verfinstert sich Ihre Miene. Sie beschließen, nicht abzuheben. Sind Sie sauer auf den Anrufer? Was hat er getan? Oder haben Sie gerade nicht genug Geduld, sich Endlosgeschwätz anzuhören? Vielleicht hat es gar nichts mit dem Anrufer zu tun, sondern Sie sind gedanklich mit anderem „völlig zu".

Sie sehen: Es geht einfach nur darum, im täglichen Leben aufmerksamer zu werden, wie Sie sich gerade fühlen. Auf diese Weise bekommen Sie bessere Antennen dafür, wenn etwas Sie beeinträchtigt, und können konkret benennen, was der Auslöser dafür ist. Das schult gleichzeitig darin, in Ausnahmesituationen sachlicher und konstruktiver zu sagen, was Sache ist.
Achten Sie auch darauf, wie Sie reagieren, wenn Sie enttäuscht, genervt, stinkig oder auch gut gelaunt oder glücklich sind, und wie Sie dann auf andere wirken. Gerade was die Signale betrifft, die bei anderen überdeutlich ankommen: Gestik, Mimik, Haltung, der Klang unserer Stimme und die Sprechweise ... all das beeinflusst uns und das, wie andere auf uns reagieren.

Grenzen & Besonnenheit

Ob Sie überhaupt in Zündstoffsituationen geraten und sich dann auch behaupten können, hängt in erster Linie damit zusammen, wie gut Sie darin sind, Ihre Grenzen aufzuzeigen und besonnen auf Grenzüberschreitungen zu reagieren. Gerade diese Fähigkeiten sollten Sie vor allem im Alltagsleben einsetzen.

Wie klar kommunizieren Sie anderen eine Grenze?

Sie möchten nicht, dass Ihre Mutter jeden Samstagnachmittag zum Kaffeetrinken reinschneit, spielen aber doch jede Woche mit? Sie hätten in der Mittagspause lieber Ihre Ruhe, gehen aber doch immer mit den Kollegen in die Kantine? Achten Sie einmal ganz bewusst darauf, ob Sie anderen Grenzen auch sagen – und hören Sie sich ganz genau zu, in welchen Worten Sie das tun. Oft kommunizieren wir sehr undeutlich, sodass andere Grenzen nicht als solche erkennen!

Wie überlegt handeln Sie?

Üben Sie, nicht sofort zu reagieren. Sie müssen nicht jede E-Mail in der nächsten Sekunde beantworten. Sie können sich Bedenkzeit für Entscheidungen nehmen. Es ist erlaubt, weitere Fragen zu stellen, bevor Sie eine Antwort geben. Suchen Sie sich Ihr Trainingsfeld da, wo Sie es brauchen. Das kann etwas Banales wie ein Restaurantbesuch sein: Schicken Sie die Servicekraft einfach noch mal weg, anstatt hektisch irgendwas zu bestellen, wenn Sie noch nicht so weit sind.

Wichtig bei diesen Alltagsübungen ist, sich wohlwollend zu beobachten. Hacken Sie nicht auf sich rum, wenn es noch nicht so ist, wie Sie es sich wünschen! Ziel ist einfach, dass Sie mehr und mehr in der Lage sind, Ihre Emotionen wahrzunehmen und zu trainieren, auf Ihre individuellen Reaktionen abgestimmt angemessen zu agieren.

Souveränität ist Trumpf! Je besonnener Sie agieren, auch wenn es „nur" nach außen so ist, desto mehr lassen Sie aus einer aufgeladenen Situation die Luft raus.

30 *Wenn wir ad hoc reagieren, sind wir meist zu emotional, um zu denken: Wir lassen Wut oder Enttäuschung ungefiltert raus oder sind zu sprachlos, um für uns einzutreten. Anstatt in die üblichen Automatismen zu verfallen, bringt es mehr, an unserer Impulskontrolle zu arbeiten.*

3.2 Verhaltensanalyse

Meist ist unsere Reaktion auf Arschlöcher einfach nur emotional: „Mein Schwager ist ein grober Klotz. Mit dem ist einfach kein Auskommen!" - „Die Nachbarin ist eine bösartige Ziege. Hoffentlich setzt mal jemand Gerüchte über sie in die Welt."

Wenn Sie sich zu einer Konfrontation entschließen, heißt es, Nägel mit Köpfen zu machen. Fragen Sie sich, was genau da geschieht, was es ist, das Ihnen so gegen den Strich geht, und was die Person tut. Dieses Konkretwerden ist der Schlüssel dafür, die ungute Situation bei den Hörnern zu packen. Das Konfrontieren selbst ist übrigens eine zweigleisige Angelegenheit:

Gleis 1: Selbstmanagement

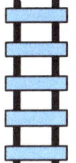

Ganz unabhängig davon, ob Sie die Person auf ihr Verhalten ansprechen möchten oder nicht, stellt sich die Frage: Wieso greift Sie das Verhalten so an? Wie können Sie in und mit sich künftig besser damit umgehen?

Gleis 2: Vorbereitung auf ein Gespräch

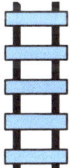

Ein Gespräch wird gut verlaufen und idealerweise das erhoffte Ergebnis bringen, wenn Sie es konstruktiv führen können. Das geht nur, wenn Sie Ihre Gefühle im Griff und sachliche Argumente haben. Voraussetzung dafür ist, konkret zu definieren, was Sache ist.

Arschloch-Verhalten-Konkretisierungsformular

Nachfolgend finden Sie ein äußerst hilfreiches Formular, mit dem Sie dem Verhalten, Ihren Reaktionen und Zielen so richtig auf den Zahn fühlen können.

Name: ....

ist in meinen Augen ein Arschloch, weil:

....

....

Die ganze Sache noch mal sachlich und ohne Wertungen:

....

....

Ich finde das Verhalten so schlimm, weil:

❒ Vertrauen missbraucht   ❒ ungerecht

❒ nicht verlässlich   ❒ verletzt

❒ unehrlich   ❒ respektlos

❒ ignorant   ❒ zweierlei Maß

❒ egoistisch   ❒ Macht ausüben

Meine Beziehung zu dieser Person:

....

Das hat für mich diese Konsequenz:

....

....

Bisher gehe ich so damit um:

....

....

Das möchte ich idealerweise erreichen:

🪜 Selbstmanagement: 🪜 bei dieser Person:

....

....

....

Damit Sie nachvollziehen können, worauf es bei dieser Analyse ankommt, um mit den Ergebnissen wirklich etwas anfangen zu können, finden Sie auf
www.schreibnudel.de/arschlochverhalten.pdf
ein Beispiel, wie ein ausgefülltes Formular aussehen könnte. Zentraler Aspekt ist, vom Emotionalen zum Sachlichen zu kommen.

30 *Immer wenn wir jemanden als absoluten Idioten empfinden, nehmen wir die Sache sehr persönlich. Um herauszufinden, was uns daran so angreift, ist es wichtig, näher hinzusehen: Wer tut was genau? Erst durch das qualitative Hinsehen schaffen Sie die Möglichkeit, in Ihrem Sinne zu handeln.*

3.3 Wenn es Publikum gibt

Ein Kollege greift Sie vor versammelter Mannschaft an. Ihre Partnerin verhöhnt Sie vor Freunden. Oder es kommt mitten im Kaufhaus zu einer Konfrontation. Sind andere anwesend, gibt es nur drei Regeln:

1. Lassen Sie das Arschloch nie schlecht aussehen.
2. Sehen Sie nicht selbst schlecht aus.
3. Instrumentalisieren Sie Umstehende nicht.

Das Arschloch nicht schlecht aussehen lassen

Hä? Man soll ausgerechnet Rücksicht auf die Person nehmen, die sich unmöglich verhält? Jein. Hier geht es nicht um Rücksicht, sondern um Sie. Zeugen einer Konfrontation schauen genau hin und ziehen ihre Schlüsse:

Selbstoffenbarung:

Wenn sich jemand unangemessen verhält, auf Kosten anderer gemeine Witze reißt oder unter die Gürtellinie schlägt, sagt das in erster Linie etwas über ihn selbst aus.

„Was du nicht willst, dass man dir tu!"

Umstehende fragen sich durchaus: Was wäre, wenn jemand so mit mir umspringen würde? Darum haben Sie, wenn es Ihnen gelingt, souverän zu bleiben, auf jeden Fall die Sympathien auf Ihrer Seite.

Das dreht sich allerdings schnell, wenn Sie sich auch nicht anders verhalten: den anderen vorführen oder sonst wie das Gesicht verlieren lassen. Denn damit blasen Sie ins gleiche Horn. Wenn es dumm läuft, verhalten Sie sich noch drastischer als der andere. Das Publikum denkt: „Die sind beide gleich;" oder gar: „Das Verhalten war zwar nicht in Ordnung, aber diese Reaktion ist viel zu krass!"

Sehen Sie nicht selbst schlecht aus

Die Selbstoffenbarung gilt natürlich für alle Beteiligten: Genauso wie Arschloch-Verhalten für sich spricht, verrät Ihre Reaktion etwas über Sie. Auch das Verhalten der Anwesenden sagt etwas über diese aus, selbst wenn sie nur schweigend dastehen.

Zwei Möglichkeiten sehen besonders schlecht aus:

Niveaulos werden

Alles, was respektlos ist, fällt negativ auf Sie zurück. Wenn Sie unter die Gürtellinie schlagen, laut oder ausfallend werden, im Zorn Gemeinheiten loslassen oder, wenn Sie die Person besser kennen, persönlich werden und irgendeine Schwäche, ein Fehlverhalten oder Geheimnis vor anderen preisgeben, um zurückzuhauen.

Opferhaltung einnehmen

Es ist allerdings auch nicht vorteilhaft für Sie, wenn Sie sich wie ein geprügelter Hund verhalten, unterwürfig werden, einknicken oder gar zurückrudern.

Wichtig: Sichtlich fassungslos oder sprachlos zu sein, ist kein Zeichen von Schwäche! Auch wenn Sie rot vor Zorn werden oder Ihnen die Tränen kommen, ist das noch kein „Opferverhalten". Andere dürfen jederzeit sehen, wenn Sie getroffen sind und wie Sie sich fühlen. Entscheidend ist allerdings, wie Sie sich verhalten, um nicht in die passive Opferhaltung zu geraten, die Sie schwach wirken lässt.

Instrumentalisieren Sie Umstehende nicht!

Waren Sie schon einmal anwesend, wenn sich zwei Menschen gestritten haben? Oder einer den anderen lächerlich gemacht hat? Das ist eine ganz schön unangenehme Situation! Ist man den Personen enger verbunden, etwa weil man sie öfter sieht, es ChefIn oder Kollegen sind, man mit ihnen verwandt oder befreundet ist, sitzt man zwischen zwei Stühlen.

Dazu kommt, dass sich für die Anwesenden eine Situation oft noch komplexer darstellt:

- Sie finden, dass der Chef Sie zu Unrecht wegen eines Fehlers zurechtweist, und fordern vom anwesenden Kollegen Bestätigung. Aus seiner Sicht war das Verhalten des Chefs gerechtfertigt.
- Ständig gibt es Streit zwischen PartnerIn und Schwiegereltern – beide fordern Loyalität. Sie können gar nicht gewinnen, wenn Sie sich jetzt einmischen.

Jeder bekommt gerne Schützenhilfe. Und doch führt es zu sehr unschönen Situationen für die Leute, die da gegen ihren Willen hineingezogen werden sollen. Seien Sie sich des Publikums bewusst und konzentrieren Sie sich auf sich selbst und auf das konstruktive Steuern der Situation.

- *Sie haben mehrere Konfrontationsoptionen. Genauso schlecht, wie sich provozieren zu lassen, ist es, den Schwanz einzuziehen. Besser, Sie entziehen sich bewusst der Situation oder Sie nehmen die Zügel in die Hand.*

30

- *Fundament für ein souveränes Verhalten ist eine funktionierende Impulskontrolle, eine konstruktive Soforteinschätzung der Lage und das Bewusstsein, dass Ihre Reaktion den weiteren Fortgang prägt.*
- *Konkretisieren Sie vor einer Konfrontation, was der andere genau tut und warum es Sie so stört oder verletzt.*
- *Achten Sie im Beisein anderer auf Ihr Image: Lassen Sie den anderen nicht das Gesicht verlieren; instrumentalisieren Sie Anwesende nicht.*

30 MINUTEN

Wie spreche ich den anderen auf sein Verhalten an?

Wie kann ich im Gespräch auf Kurs bleiben?

Wie reagiere ich im Ernstfall souverän?

4. Gesprächsführung unter widrigen Umständen

Jetzt geht's ans Eingemachte! Jemanden mit seinem unguten Verhalten zu konfrontieren, ist die Königsklasse der Kommunikation. Erst recht, wenn Sie sich nicht grün sind. Wahrscheinlich ist Ihnen bei dem Gedanken nicht so wohl. Keine Sorge! Die wichtigsten Prinzipien, damit Ihre Botschaft ankommt: Impulskontrolle, souveräner Klartext und fest auf Kurs.

4.1 Ansprechen – aber wie?

Jede Situation ist von vielfältigen Parametern mitbestimmt: Welche Persönlichkeiten sind beteiligt, wie stehen sie zueinander, was ist sonst noch vorgefallen und läuft unterschwellig mit – wie sieht die Tagesform aus – was steht auf dem Spiel ... das sind nur einige Faktoren, die eine allgemeine Lösungsschablone verhindern. Aber: Es gibt vorteilhafte Prinzipien für jedes Konfliktgespräch.

7 Gebote für ein Arschlochzähm-Gespräch

❶ Fackel nicht lange!

Wenn jemand eine wichtige Grenze überschreitet, ist der beste Zeitpunkt, es anzusprechen: zeitnah. Sofort, wenn Sie dazu in der Lage sind. Oder, wenn Sie zu aufgewühlt sind, nachdem Sie die Angelegenheit durchdacht haben, der Blutdruck gesunken und Sachlichkeit möglich ist.

❷ Sei dir klar, was du willst!

Idealerweise haben Sie zwei Ziele: einen Anspruch an sich selbst (s. Kap. 1.2), dem Sie gerecht werden möchten, ganz egal, wem Sie gegenüberstehen, und in der konkreten Situation, was Sie mit einem Gespräch erreichen möchten. Wenn Sie mit dem anderen in irgendeiner Beziehung stehen, ist es umso wichtiger, sich darüber klar zu sein, was Sie wollen und wie es weitergehen soll. So können Sie das Gespräch steuern.

❸ Provoziere nicht/lass dich nicht provozieren!

Das ist in emotional aufgeladenen Situationen ziemlich schwierig. Doch es ist entscheidend dafür, dass man Sie ernst nimmt und ob Ihre Botschaft ankommt. Geben Sie keinen Anlass für ein „Du bist auch nicht besser!" Unterminieren Sie Ihr Vorhaben nicht durch Hysterie oder eine Eskalation (s. a. Kasten im Anschluss an die 7 Gebote).

❹ Sei tonangebend!

Sie brauchen kein geborener „Alphamensch" zu sein, der total selbstbewusst auftritt. Sie brauchen nur zu sich selbst zu halten! Tonangebend zu sein bedeutet, dass Sie bestimmen, wie Sie miteinander reden und wohin das Gespräch führt.

❺ Halte Kurs, auch wenn es Turbulenzen gibt!

Stellen Sie sich auf Gegenwind und Ablenkungsmanöver ein, bereiten Sie sich vor: Was könnte passieren? Was könnte der andere sagen? Aber halten Sie fest Kurs, damit Sie das, was Sie loswerden – oder durchsetzen – möchten, auch anbringen.

❻ Sag nur, was du auch meinst, aber sag nicht alles, was du denkst!

Sie wissen schon: Besonnenheit. Schwierige Gespräche erfordern Taktgefühl, erst recht, wenn der andere keins hat. Verzichten Sie auf Sticheleien und das Wiederaufwärmen, um ein Pingpong zu vermeiden. Lassen Sie sich aber auch nicht vorschnell zu etwas hinreißen: zu sagen: „war ja doch gar nicht so schlimm"; eine Entschuldigung anzunehmen, wenn Sie das gar nicht möchten; „wieder gut" zu sein, wenn etwas für Sie noch nicht erledigt ist.

❼ Mach Manöverkritik!

Gerade aus schwierigen Konfrontationen lernen wir am meisten, denn auch wenn sie im Ergebnis erfolgreich sind, so laufen sie so gut wie nie zu 100 Prozent glatt ab. Nutzen Sie gerade diese unerfreulichen Gespräche dazu, immer besser zu werden: Wie ist das Gespräch gelaufen? Wie gut war meine Vorbereitung?

 Vorsicht, Eskalation!
Um die Situation nicht weiter zu eskalieren, sollten absolut tabu sein:
- Provokationen und Sticheleien
- Vorwürfe und Verallgemeinerungen („typisch")
- Schimpfwörter und Beleidigungen
- Duzen, wenn Sie sich siezen oder nicht kennen
- Ironie und Sarkasmus
- Die Sache/Person ins Lächerliche ziehen
- Angriffe unter der Gürtellinie
- Aufwärmen alter Geschichten

Was heißt „tonangebend sein" genau?

Haben Sie sich schon einmal darüber Gedanken gemacht, warum manche Menschen permanente Zielscheibe von Arschloch-Angriffen sind, während man mit anderen so etwas nie macht? Ein wichtiger Faktor ist das Auftreten:

- Was Sie sagen – und ob überhaupt. Tonangebend zu sein bedeutet, dass Sie den Mund aufmachen: kein „Um-den-Brei-Reden", kein „man" statt „ich". Es bedeutet aber vor allem auch, dass Sie den Grundton für das Gespräch setzen und selbst einhalten: respektvoll, konstruktiv und eindeutig.

- **Wie Sie wirken**. Neben dem Klartext zählen Ihre Stimme und Sprechweise, aber auch Ihre Körpersprache: Gestik, Mimik und Haltung signalisieren Ihrem Gegenüber jede Menge. Körpersprache kann Ihnen Sicherheit und Gelassenheit schenken, sie kann Stärke oder Schwäche vermitteln, eine Situation beruhigen oder eskalieren.

Besonders ausschlaggebend für eine selbstbewusste Wirkung ist die Kongruenz. Das, was Sie sagen, muss mit der Körpersprache übereinstimmen:

- Wenn Sie dem anderen ernsthaft einen Riegel vorschieben möchten, aber gleichzeitig entschuldigend grinsen, unterminieren Sie die Botschaft.
- Wenn Sie stark und selbstbewusst auftreten möchten, ist ein flatterhaftes Mit-den-Armen-wedeln kontraproduktiv.
- Möchten Sie, dass Ihr Gegenüber sich Ihnen öffnet, haben aber selbst Arme und Beine verschränkt und tragen einen verschlossenen Gesichtsausdruck zur Schau, wird es nichts mit der Offenheit.

Die Kombination „Blick und Schweigen" ist eines der kraftvollsten Kommunikationswerkzeuge überhaupt: Lassen Sie Ihre Statements wirken. Wann immer Sie etwas sagen und vor allem wenn Sie eine Frage stellen, schauen Sie sachlich-auffordernd und halten den Mund – bis der andere das Schweigen füllt.

Was mache ich, wenn ich zu aufgebracht bin?

Aufgebracht zu sein, kann ganz unterschiedliche Formen annehmen: Vielleicht sind Sie sehr unsicher oder das Herz schlägt Ihnen vor Nervosität bis zum Hals. Vielleicht sind Sie aber auch auf 180! Auch hierfür können Sie Ihren Körper nutzen, um ruhig und sicher zu werden:

⇨ Ihr Atem beruhigt sich, von 100 auf 0

Wenn wir sauer oder nervös sind, gerät unser ganzer Organismus in höchste Unruhe. Das wiederum wirkt sich auf unsere Denkfähigkeit und unsere Stimme aus. Die Stimme überschlägt, bricht oder wird kieksig. Wir reden schneller, verhaspeln uns oder vergessen, was wir sagen möchten. Das Gute: Der Organismus folgt dem Atem. Immer! Nehmen Sie einige tiefe, ruhige Atemzüge bewusst bis hinunter in den Bauch, beruhigen sich alle Körperfunktionen. Ruhe, Denkfähigkeit und eine volle Stimme kehren zurück.

⇨ Mit beiden Beinen fest auf der Erde

Setzen oder stellen Sie sich aufrecht hin, die Beine parallel nebeneinander. Diese Haltung lässt Sie nicht nur selbstbewusster wirken, sondern Atem und Stimme können auch ungehindert fließen. Das versorgt Ihr Gehirn mit Sauerstoff. Außerdem gibt uns Bodenkontakt Sicherheit: Wir sind buchstäblich standfester. Das gilt auch für Telefongespräche.

⇨ **Kontrollierte Bewegungen**

Unruhe führt zu körperlichem Aufruhr und umgekehrt. Wenn Sie merken, dass Sie herumtigern, mit den Füßen wippen oder wild mit den Armen gestikulieren, dann konservieren und verstärken Sie die Unruhe. Achten Sie, wie auch beim Atem, darauf, solche Zappeleien zu unterbinden. Das bloße Bewusstsein „Jetzt wippe ich wieder hektisch mit den Füßen" reicht aus, es abzustellen.

Wie fange ich an?

Wenn Sie den anderen auf sein Verhalten hinweisen, dann tun Sie das idealerweise nicht zwischen Tür und Angel. Besonders wenn dem anderen vielleicht gar nicht klar ist, wie sein Verhalten auf Sie wirkt. Leider lassen wir die Dinge oft gären, fressen etwas über längere Zeit in uns rein – ohne dass dem anderen die Tragweite bewusst ist. Sagen Sie einfach klipp und klar, was Sache ist. Wenn Sie an sich einen guten Kontakt miteinander haben, dann sagen Sie das dazu:

- *„Mir ist zu Ohren gekommen, dass Sie Gerüchte über mich in die Welt setzen. Lassen Sie das."*
- *„Ich schätze unsere Freundschaft sehr. Aber es geht nicht, dass andere mir Dinge ‚zurückerzählen', die ich dir – und nur dir! – anvertraut habe."*

Wenn Sie etwas schon länger in sich hineinfressen:

- *„Ich hätte das schon viel früher ansprechen sollen: Wenn du mich bei jeder Kleinigkeit verbesserst, komme ich mir geschulmeistert vor."*

Denken Sie bitte daran, den Blickkontakt zu halten. Warten Sie ab, was der andere sagt, bevor Sie wieder den Mund öffnen. Jetzt können zwei Dinge passieren:

Ihr Gesprächspartner reagiert unsachlich: Machen Sie den anderen auf seinen Ton aufmerksam, spiegeln Sie sein Verhalten oder unsachliche Inhalte. Mit den drei wertvollen Gesprächstaktiken in Kap. 4.2 bringen Sie das Gespräch wieder auf eine sachliche Spur. Wenn nicht, brechen Sie das Gespräch ab: siehe Kap. 4.3.

Ihr Gesprächspartner reagiert konstruktiv: Ist die Reaktion Ihres Gegenübers gut, dann verstärken Sie auch dieses Verhalten gleich zu Beginn.

- *„Danke, dass ...“*
- *„Ich weiß es zu schätzen, dass ...“*

Achten Sie auch im weiteren Gesprächsverlauf auf einen respektvollen und sachlichen Ton.

Und wenn es nichts mehr zu reden gibt?

Es gibt natürlich auch den Fall, dass Sie sofort Ihre Konsequenzen ziehen. Wenn ein Verhalten so indiskutabel ist, dass Sie es einfach nicht mehr entschuldigen möchten. Wenn der Vorfall der Tropfen ist, der das Fass zum Überlaufen gebracht hat. Oder wenn Sie null Interesse haben, den Kontakt zum anderen aufrechtzuerhalten. In diesem Fall gibt es drei Möglichkeiten:

⇨ **Sie modifizieren die Beziehung.**

„Modifieren" heißt, dass Sie die Beziehung neu definieren. Bei Menschen, mit denen Sie zwangsläufig Kontakt haben müssen, kann es bedeuten, dass Sie die Intensität der Beziehung zurückfahren: mit Arbeitskollegen einfach nur noch berufsbezogenen Kontakt haben, anstatt befreundet zu sein. Oder den Kontakt zu einem Familienmitglied stark einschränken. Ein respektvoller Umgang sollte immer möglich sein.

⇨ **Sie brechen den Kontakt stillschweigend ab.**

Manchmal meldet man sich einfach nicht oder reagiert auf Kontaktversuche nicht mehr, in der Hoffnung, dass der andere kapiert, dass es das war. Letzteres ist nicht so gut. Besonders wenn der andere gar nicht weiß, was geschehen ist: Bei zuvor gutem Kontakt nehmen Sie sich die Möglichkeit, die Beziehung zu kitten. Wenn Sie tatsächlich den Kontakt abbrechen wollen, ziehen Sie das durch Nichtreagieren unnötig in die Länge.

⇨ **Sie verkünden, dass es das war.**

Klar zu sagen, dass und warum Sie den Kontakt abbrechen, ist gut, weil Sie einen deutlichen Schlussstrich ziehen und der andere erfährt, was der Anlass dafür war. Das wird wahrscheinlich dazu führen, dass Ihr Gegenüber noch mal darüber reden möchte. Je nachdem, wie Ihr Abschied ausfällt und wie eindeutig Sie ihn formulieren, können Sie das von Haus aus verhindern, wenn Ihnen danach nicht mehr ist. Beherzigen Sie, Klartext zu reden (siehe folgende Beispiele).

- Schwammig: *„Wenn ich meinen Freunden nicht vertrauen kann, muss ich den Kontakt abbrechen."*
- Eindeutig: *„Du hast mich wiederholt angelogen. Darum beende ich unsere Freundschaft. Ich möchte ab sofort keinen Kontakt mehr."*

Es gibt grundsätzliche Regeln, die für ein gutes Gespräch sorgen. Besonders wichtig ist es, für sich selbst einzutreten, ohne die Sache zu eskalieren. Darum ist es wichtig, einen konstruktiven Ton beizubehalten. Doch nicht immer gibt es noch etwas zu reden, manchmal ist die beste Entscheidung, den Kontakt zurückzufahren oder abzubrechen.

4.2 Das Gespräch steuern

Jetzt geht es darum, wie Sie ungutes Verhalten bei Menschen ansprechen, mit denen Sie in enger Beziehung stehen. Entweder indem Sie eine klare Grenze ziehen oder aber dem anderen erst einmal klarmachen, wie sein Verhalten bei Ihnen ankommt. Was heißt nun „steuern"?
Stellen Sie sich ein Tennismatch vor. Der Gegner dominiert das Spiel: Er jagt Sie nach rechts, nach links, nach vorne, nach hinten. Sie hecheln hinterher. Das passiert, wenn man nur auf das reagiert, was der andere tut. Auch in der Kommunikation. Derjenige, der ein Gespräch steuert, behält die Oberhand. Sie haben den anderen auf sein Verhalten angesprochen? Sehr gut! Doch das war erst

der Aufschlag! Um das Gespräch auf Kurs zu halten, helfen Ihnen drei wertvolle Gesprächstaktiken:

1. Statement:

Sie sprechen Klartext, indem Sie konkret und konstruktiv sagen, worum es Ihnen geht. Ein kurzes, eindeutiges Statement wirkt stark, es gibt kein Raten und Herumeiern.

nicht:	sondern:
„Ich würde es auch nicht wollen, dass man hinter meinem Rücken über mich redet."	„Ich möchte keine Lästereien hören. Wenn du ein Problem mit X hast, sprich sie direkt darauf an."

2. Paraphrasieren:

Sie wiederholen Gehörtes in eigenen Worten und nehmen dabei Wertungen oder Beleidigungen heraus. Das bringt Sachlichkeit hinein und sorgt dafür, dass Sie souverän bleiben können.

„Sind in Ihrer Firma denn alle begriffsstutzig? Ich weiß echt nicht, mit wem ich noch reden soll!"
„Sie sind sehr verärgert, weil wir das Problem bisher nicht gelöst haben." (Nun unmittelbar, also ohne Sprechpause!, eine Frage stellen, die auf Lösungskurs bringt, zum Beispiel konkrete Angaben, um die Sache nachzuverfolgen und eine klare Auskunft zu geben, keine Erklärung oder Rechtfertigung!)

3. Fragen:

Sie nehmen den anderen in die Pflicht, indem Sie gezielt nachfragen. Wenn Ihr Gegenüber nichts antworten kann, haben Sie genauso gewonnen, wie wenn Sie weitere Details zum Verhalten erfahren.

„Soll ich langsamer reden, weil Ihr IQ nicht mehr hergibt?"
„Warum beleidigen Sie mich jetzt?"

Achtung: Gegenwind und Ablenkungsmanöver

Zwar respektieren die meisten Menschen Grenzen, doch es gibt in jedem Konfliktgespräch natürlich auch mögliche Wendungen – defensives Verhalten, bewusste Taktik oder emotionale Kurzschlüsse –, die das Gespräch zum Kippen bringen können. Sind Sie mit diesen Manövern vertraut, werden Sie davon nicht überrascht und können fest auf Kurs bleiben, egal was kommt.

Beim Parieren ist elementar, dass Sie sachlich bleiben. Da kommt wieder die Impulskontrolle ins Spiel!

Es kann sein, dass Sie es mit „scharfem Gegenwind" zu tun haben, z.B: „Willst wohl päpstlicher sein als der Papst!"

Persönliche Angriffe oder Provokationen kommen in emotional aufgeladenen Situationen oft vor. Manche schlagen reflexartig zurück, auch wenn sie in Wirklichkeit ein schlechtes Gewissen haben, weil sie sich ihres Fehlverhaltens bewusst sind.

⇨ **Überhören Sie den Gegenangriff einfach.**

Oder sagen Sie, dass dem nicht so ist/es darum jetzt nicht geht, und gehen Sie dann sofort wieder zum Thema über.

Oft haben Sie es auch mit einem Gegenvorwurf zu tun: „Du hast also ... ?!!"

Der Fremdgeher, der vorwirft, dass man im Handy geschnüffelt hat. Der ideenklauende Kollege, der vorwirft, beim Chef „gepetzt" zu haben ... Mit dem Gegenvorwurf soll nicht nur das Thema gewechselt, sondern Ihnen eine Schuld zugeschoben werden: Jetzt steht plötzlich Ihr Verhalten zur Debatte!

⇨ **Lassen Sie den anderen die Situation nie drehen.**

Sagen Sie, dass es darum nicht geht oder, wenn es ein legitimes Parallelargument ist, dass Sie erst diese Sache klären und anschließend darüber reden können.

Lassen Sie sich nicht verunsichern durch Statements wie:

„Du bist aber auch eine Mimose!"

Ihre Gefühle sind Ihre Gefühle. Wenn Sie sich beleidigt oder verletzt fühlen, dann *gilt* das.

⇨ **Lassen Sie Ihre Gefühle nicht herunterreden.**

Rechtfertigen Sie sich nicht und lassen Sie das Gespräch vor allem nicht in eine „Zu sensibel oder nicht"-Diskussion abdriften. Bringen Sie das Gespräch zurück auf Kurs, indem Sie wiederholen, was Sie stört.

Vielleicht kommt auch eine Reaktion wie:

„Das hast du falsch verstanden."

Entweder war es tatsächlich ein Missverständnis oder Ihr Gegenüber rudert gerade zurück. Umso besser, wenn es ein Missverständnis war. Doch auch dann ist wichtig, dass Sie es besprechen: So beugen Sie vor, dass es wieder passiert und der andere erkennt, warum Sie es in den falschen Hals bekommen haben. So kann er auch bei anderen solche Missverständnisse künftig vermeiden.

⇨ **Fragen Sie nach, worin genau das Missverständnis besteht.**

War das Verhalten sehr krass, sodass man es gar nicht anders auslegen kann, konfrontieren Sie den anderen noch mal mit dem, was er getan hat.

⇨ **Achten Sie darauf, dass das Gespräch vorangeht.**

Vielleicht haben Sie es auch mit solchen Fragen zu tun:

„Was regt dich jetzt noch mal genau auf?"

„Sag doch mal noch ein Beispiel."

„Letzte Woche, als wir bei xy waren, hast du da auch ...?"

Wenn der andere immer wieder von vorne anfängt oder sich in Details verliert, dann ufern Gespräche aus: Der Fokus geht vom eigentlichen Thema weg, man gerät in eine Endlosschleife.

Bei wiederholt aufgetretenem Arschloch-Verhalten geht es nicht um Einzelvorfälle, sondern um das Verhalten und was es bedeutet. Gehen Sie nicht auf diese Splitter-Statements und -Fragen ein, stoppen Sie Endlosschleifen: „Wir drehen uns im Kreis ..." (Bringen Sie das Gespräch dann mit einem Statement oder einer Frage zurück auf Kurs.)

Manchmal laviert sich der andere immer wieder raus, um einem Gespräch zu entgehen: „Das ist jetzt nicht der Zeitpunkt", „Jetzt nicht", „Ein andermal".

Mitunter geschieht dieses Ablenken auch subtiler, indem Sie mit einem Kompliment oder einer guten Nachricht abgelenkt werden.

⇨ **Beharren Sie darauf, es jetzt zu klären.**

Außer es gibt einen zwingenden Grund, das Gespräch jetzt nicht zu führen. Ist es tatsächlich ungünstig, dann vereinbaren Sie einen zeitnahen, festen Termin, den Sie dann aber auch einfordern, wenn es so weit ist.

Das Gesprächsende: Wie verbleiben wir?

Sie können bestimmen, wie kurz oder lang das Gespräch wird. Vielleicht ist das Ansprechen ja mit dem Verkünden Ihres Standpunktes auch schon erledigt. Sie haben klipp und klar Ihre Grenze gezogen und gut ist's.

⇨ **Treffen Sie eine konkrete Vereinbarung.**

Einfach nur etwas mitzuteilen birgt die Gefahr, dass es beim anderen *hier rein-, da raus*geht. Eine größere Verpflichtung schaffen Sie, indem Sie den anderen eine klare Aussage treffen lassen – entweder durch eine Entschuldigung oder eine Zusage, dass und wie er sein Verhalten künftig ändert.

Der Clou dabei ist, dass Ihr Gegenüber ausspricht, was es verstanden hat und künftig tut (oder lässt). Ein einfaches, sehr effektives Verpflichtungswerkzeug ist der gute alte Handschlag. Ein „Hand drauf" besiegelt mit der eigenen Ehre, was man so verspricht. Es ist überraschend wirksam. Probieren Sie es aus! Und wenn jemand partout nicht einschlagen will, ist das eine mehr als deutliche Aussage.

⇨ **Ziehen Sie Konsequenzen.**
Ungutes Verhalten ist manchmal so krass, dass die Beziehung sich verändert: Sie entscheiden sich, weniger oder gar keinen Kontakt mehr zu haben oder sonstige Konsequenzen zu ziehen (s. Kap. 4.1). Geben Sie dem anderen idealerweise einen Warnschuss, wenn sein Verhalten die Beziehung gefährdet:

● *„Immer wenn wir telefonieren, geht es mir hinterher schlecht. Du kritisierst alles, was ich sage und tue. So will ich den Kontakt nicht weiterführen."*
● *„Ich habe dich immer gerne im Projekt unterstützt. Aber es geht nicht, dass du unsere Ergebnisse dauernd als deine ausgibst. Wenn das wieder vorkommt, habe ich keine Lust mehr, dir zu helfen."*

⇨ **Konsequenzen erfordern Konsequenz.**
Überlegen Sie sich gut, was Sie ankündigen. Wenn Sie selbst Ihre Konsequenzen ignorieren, nimmt sie auch Ihr Gegenüber nicht ernst. Dann können Sie sich wieder und wieder und wieder den Mund fusslig reden, be-

kommen leere Versprechungen, aber ändern wird sich nichts.

Ein Beispielgespräch im O-Ton

Sehen wir uns an, wie so ein Gespräch realistisch ablaufen könnte. Ihr Kollege Walther geht Ihnen mit seinem Verhalten gehörig auf die Nerven, obwohl Sie sich sonst gut mit ihm verstehen. Sie haben die Sache analysiert (s. Kap. 3.2) und bringen es zur Sprache:

„Ich muss das jetzt mal ansprechen: Ich habe es satt, dass du meine Ideen als deine ausgibst. Außerdem erkenne ich dich oft nicht wieder, so angeberisch, wie du manchmal bist."

So ein emotionaler Anfang, der Vorwurf auf Beleidigung stapelt, muss in die Hose gehen. Oder würden Sie konstruktiv auf so einen Einstieg reagieren? Also noch mal etwas konstruktiver:

„Walther, ich möchte etwas mit dir klären, was mir im Magen liegt. Besonders weil ich dich gerne mag."

Pause machen, wirken lassen. Walther ist jetzt aufmerksam, vielleicht erschrocken: Worum geht's?

„Wenn wir unter uns sind, wie jetzt, ist alles super. Wir verstehen uns und arbeiten super zusammen. Sobald andere dabei sind, bist du wie ausgewechselt."

Wieder Sprechpause machen. Walther wird entweder abwarten oder nachfragen: „Was meinst du damit?"

„Vor anderen drehst du irgendwie auf, redest lauter, wirkst manchmal fast ein wenig angeberisch. So kenne ich dich gar nicht! Besonders schlimm ist für mich aber, dass du dann auch meine Leistung schmälerst ..."

Hier fällt Walther ins Wort. Da Sie sehr gut angefangen haben – konstruktiv und wertschätzend –, ist die Wahrscheinlichkeit hoch, dass kein Gegenangriff kommt. Aber: Menschen reagieren auf Kritik oft sehr emotional. Er könnte defensiv werden und es abstreiten oder im Affekt einen Gegenangriff starten:

„Wie, du nennst mich einen Angeber? Und ich dachte, du bist eine gute Kollegin – und jetzt so was! Am Ende hast du mit anderen auch schon darüber gesprochen, was für ein Aufschneider der Walther ist."
„Nein, ich ..."
„Wie man sich so täuschen kann! Erst gestern sage ich noch zu meiner Frau, wie froh ich über so eine tolle Kollegin bin. Tja ..."

Hui! Das ging schneller in die Hose als gedacht. Jetzt ist genau das passiert, was Sie befürchtet hatten: Die Kacke ist am Dampfen. Das Problem war aber nur, dass Sie sich die Zügel aus der Hand nehmen ließen. Also noch mal:

„Wie, du nennst mich einen Angeber? Und ich dachte, du bist eine gute Kollegin – und jetzt so was! Am Ende hast du mit anderen auch schon darüber gesprochen, was für ein Aufschneider der Walther ist."

„Stopp! Du weißt, dass das nicht so ist. Ich habe mir endlich ein Herz gefasst, es offen anzusprechen, gerade weil ich ebenfalls sehr froh bin, dich als Kollegen zu haben, und ich nicht möchte, dass etwas zwischen uns steht ..."

Sie würden also das Gespräch sachlich zurück auf Kurs bringen. Aus Platzgründen beende ich diesen Gesprächsverlauf hier. Sehen wir uns eine weitere Reaktionsmöglichkeit an. Da die Beziehung sonst gut ist, könnte er auch sagen:

„Was? Ich bin ganz betroffen! Wenn das so angekommen ist, ist das ein Missverständnis. Das war nicht meine Absicht. Ehrlich nicht."

Das Gespräch könnte jetzt erledigt sein. Sie haben es angesprochen und Walther hat gesagt, dass es ein Missverständnis war. Alles gut? Nein. Das wäre ein halbherziges Ansprechen, und die Gefahr, dass es beim nächsten Mal wieder so ist, ist hoch. Also weiter.

„Das habe ich mir schon gedacht, dass es keine Absicht ist. Aber es rumort doch in mir, und ich möchte nicht, dass unser sonst so tolles Verhältnis durch so was belastet wird. Kannst

du denn nachvollziehen, was ich meine? Ist dir selbst be-
wusst, dass du dich im Beisein von Kollegen anders gibst?"

Und wieder machen Sie eine Pause, halten den Blickkontakt und schweigen, bis Walther etwas sagt.
Genau das ist mit Steuern gemeint: Sie bleiben ganz fest
auf Kurs, fragen nach, lassen Walther konkret zur Sache
eigene Aussagen treffen, anstatt einfach zu sagen: „War
nicht so gemeint." Auf diese Weise bekommt das Gespräch Substanz und Sie kommen zu einer gemeinsamen Lösung, ohne dass das Gespräch in irgendeiner
Form zum Clash führt.

Aktive Gesprächsführung hat nichts mit Lautstärke
oder „Alphatier-Verhalten" zu tun. Sie können lei-
se und zurückhaltend ein Gespräch aktiv steuern.

4.3 Einen akuten Arschloch-
Angriff meistern

Wenn Sie ein idiotisches Verhalten beobachten oder
sich angegriffen fühlen, reagieren Sie bloß nicht spontan! Das geht meistens in die Hose. Nehmen Sie sich
lieber die paar Sekunden, von Fall zu Fall neu zu entscheiden, wie Sie damit umgehen wollen.

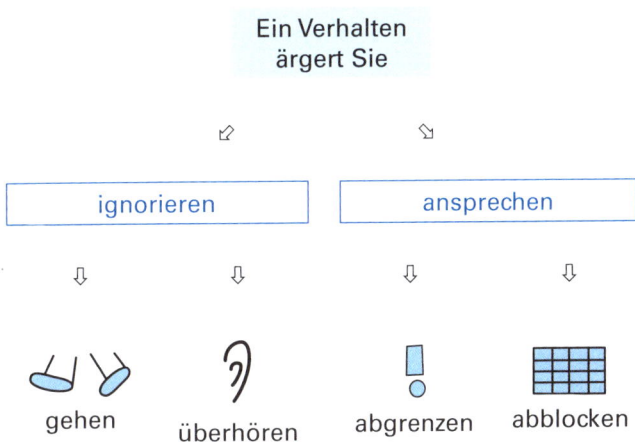

Zum Streiten gehören immer zwei. Und auch wenn einer versucht, Spielchen zu treiben, gehört noch jemand dazu, der mitmacht. Darum kann das Mittel der Wahl sein, dass Sie von Haus aus erst gar nicht mitmachen. Zumindest nicht unter diesen Bedingungen.

Weggehen: Sie entziehen sich der Situation.

Mit Weggehen ist entweder gemeint, dass Sie sich aus einer unangenehmen Situation buchstäblich entfernen. Wenn Sie also schräg von der Seite angemacht werden oder beim gemeinsamen Beisammensein mit Freunden einer anfängt, sich unangenehm zu verhalten, können Sie gehen, ohne sich überhaupt einzumischen.

Sie können natürlich das Weggehen auch thematisieren:

- *„Ich teile eure Meinung in dieser Beziehung nicht und finde es auch nicht gut, ein Tribunal vorzubereiten. Darum gehe ich jetzt."*
- *„Ehrlich gesagt, will ich mich diesem Geschimpfe nicht länger aussetzen."*

In beiden Fällen gehen Sie anschließend sofort, ohne eine weitere Diskussion. Muss der Vorfall geklärt werden, ist das Weggehen ein Deeskalationsmanöver: Sie beenden das Gespräch an dieser Stelle, weil der andere – oder Sie selbst – gerade zu emotional ist/sind:

- *„Momentan bin ich zu sauer, um mit Ihnen darüber zu reden. Ich muss erst runterkommen."*
- *„Das bringt so nichts. Es wird nur unsachlich. Lass uns morgen Früh darüber reden, wenn sich die Gemüter beruhigt haben."*

Lassen Sie es aber, wenn es eigentlich wichtig ist, dann nicht auf sich beruhen, sondern klären Sie die Sache zu diesem späteren Zeitpunkt.

Haben Sie sich dafür entschieden, Kontra zu geben, dann checken Sie Ihre Körpersprache:

- Bauen Sie sich auf, und zwar im doppelten Sinne: Stellen Sie sich aufrecht hin, beide Beine parallel fest auf der Erde, Schultern zurück.
- Halten Sie Blickkontakt, bringen Sie mehr Wucht in Ihre Reaktion. Der andere nimmt Sie ernster und selbstbewusster wahr.

- Sind Sie aufgeregt, denken Sie daran, einige ruhige, tiefe Atemzüge bis hinunter in den Bauch zu machen. Ihr Herzschlag beruhigt sich, Sie können klar denken und Ihre Stimme wird voller.

Setzen Sie Nähe und Distanz gezielt ein. Es ist ein Zeichen von Stärke, wenn Sie sich trauen, auf den anderen zuzugehen. Aber: Entscheiden Sie bitte situativ, was Sie gerade brauchen, und schätzen Sie auch Ihr Gegenüber ein. Ist jemand sehr aggressiv, kann das Näherkommen als Provokation empfunden werden und die Sache eskalieren. Sind Sie unsicher, können Sie auch genau den anderen Weg einschlagen und eine Barriere zwischen sich und den anderen bringen, zum Beispiel einen Tisch oder Einkaufswagen.

Überhören: Ganz einfach ins Leere laufen lassen.

Eine dumme Bemerkung einfach zu überhören, ist oft die beste Lösung: Gerade kleine Provokationen oder Entgleisungen aus dem Affekt sind oft schneller erledigt, wenn man sie erst gar nicht aufgreift. Auch bei bewussten Querschlägern gilt: Ein Angriff, der auf taube Ohren stößt, ist kein Angriff! Lassen Sie Kommentare ins Leere laufen oder, wenn sie in ein Gespräch eingebettet sind, überhören Sie den provokanten Teil, fragen Sie sachlich nach oder wechseln Sie das Thema. Oft ist es damit schon erledigt (s. auch Paraphrasieren, Kap. 4.2).

Wenn Ihnen der Kommentar zu sehr gegen den Strich geht, um ihn zu ignorieren, können Sie das Überhören auch ansprechen und damit einen Warnschuss abgeben:

- *„Das überhöre ich jetzt!"*
- *„Ich muss mich verhört haben. Für einen Moment dachte ich, du hast xy gesagt."*

Bitte kein Pseudo-Ignorieren! Wenn Sie demonstrativ ignorieren, aber dann laut „in die Luft" oder zu Anwesenden einen Kommentar zu der Person abgeben, dann ist das kein Ignorieren, sondern Sie provozieren einfach nur zurück. Das eskaliert eine Situation nicht nur schnell, sondern lässt Sie außerdem schlecht aussehen. Dazu kommt, dass der Angriff genau ins Schwarze trifft: Sie reagieren. Das war's, was das Arschloch wollte.

Abgrenzen: „Bis hierher und nicht weiter!"

Mit Abgrenzen ist gemeint, dass Sie dem anderen signalisieren, wenn er eine Grenze überschreitet. Das können Kleinigkeiten sein. Stellen Sie sich vor, ein guter Freund vergreift sich im Ton. Dann kann ein Signal wie „Autsch!" oder ein „Wirklich?" mit einem entsprechenden Blick schon klar anzeigen, dass er sich gerade ungut verhält.

Gerade wenn Grenzen berührt werden, ist es notwendig, eine klare Linie zu ziehen.

- *„Ich möchte nicht, dass Sie in meinem Beisein diese derben Sprüche machen."*
- *„Wir reden über uns, nicht über frühere Beziehungen."* *(Dann direkt zum eigentlichen Thema zurückführen)*

Sind Sie total aufgebracht, den Tränen nahe oder stinksauer? Keine Bange, Sie können sich Gelassenheit bewahren und sogar trotz Tränen und zitternder Lippe stark wirken, wenn Sie Ihre Gefühle aussprechen, anstatt ihnen einfach freien Lauf zu lassen.

- *„Meine Halsschlagader ist kurz vor dem Platzen, so sauer bin ich!"* *(Nun ein klares Statement, s. Kap. 4.2)*
- *„Das enttäuscht mich maßlos!"* *(Wenn nötig erst mal ins Taschentuch schneuzen, dann klares Statement, was Sie so trifft)*

Wichtig: Entschuldigen Sie sich, wenn Sie laut geworden sind oder sich im Ton vergriffen haben, aber entschuldigen Sie sich nie für Tränen! Sie brauchen sich nicht für Tränen zu schämen, und versuchen Sie erst gar nicht, sie zu verbergen: Ihre wässrigen Augen und zitternden Lippen sprechen Bände. Blockieren Sie sich also nicht, sondern lassen Sie den Tränen freien Lauf, so gewinnen Sie schneller Ihre Fassung wieder.

Abblocken: „So nicht!"

Das Abblocken ist die krasse Form: Hier ziehen Sie nicht einfach eine Grenze, sondern eine Mauer. Sie machen das nicht mit, Sie wollen mit dieser Sache – oder Person – erst gar nicht belästigt werden. Das können Sie zum Teil durch Körpersprache erreichen. Manchmal reicht ein scharfer Blick oder ein demonstratives Abwenden aus. Ansonsten gilt: Gerade beim Riegelvorschieben bitte kurz und deutlich.

- *„Stopp!" (mit unterstützender Handbewegung) „In diesem Ton lasse ich niemanden mit mir reden!"*
- *„Ich höre mir keine Gerüchte an."*

Kein Einzelfall?
Haben Sie mit dem Gegenüber häufiger zu tun, dann ist es besser, das Verhalten generell anzusprechen, statt nur Symptombekämpfung zu machen. Details dazu in Abschnitt 4.2.

Nicht in den Sog ziehen lassen!

Leute, die nur provozieren oder ausfallend werden, werden im Internet „Trolle" genannt. Der Spruch „Füttere den Troll nicht" ist immer zu empfehlen: Geben Sie einem Arschloch nie weiteres Futter. Machen Sie Ihr Verhalten nie, nie, nie, vom Verhalten des anderen abhängig!

Egal was der andere sagt oder tut: Es ist kein Freibrief, sich auf dasselbe Niveau zu begeben. Halten Sie sich an den Anspruch, den Sie an sich selbst haben, seien Sie auf respektvolle Sachlichkeit aus.

Denken Sie an Ihre Impulskontrolle! Seien Sie sich dessen bewusst, dass Sie mehr Größe beweisen – und mehr erreichen! –, wenn es Ihnen gelingt, Ihren Standpunkt sachlich zu vertreten. Halten Sie Ihr Temperament also im Zaum. Es lohnt sich!

Machen Sie kein Pingpong mit! Arschloch-Angriffe arten gerne aus, weil man sich im Kreis dreht: noch eine Provokation, nachtreten, das Gegenüber infrage stellen oder versuchen, es lächerlich zu machen. Machen Sie bei solchen Endlosschleifen nicht mit.

Achten Sie besonders darauf, nicht mit Ihrer Körpersprache zu beleidigen oder die Situation unnötig anzuheizen. Rollende Augen, Stinkefinger und Vogelzeigen sind kontraproduktiv. Sie heizen die Stimmung an und lassen Sie schlecht aussehen.

- *„Fackel nicht lange!" ist elementar im Umgang mit blödem Verhalten. Besonders wenn Sie mit der Person oft zu tun haben.*
- *Damit schwierige Gespräche sachlich ablaufen, ist es wichtig, sie nicht selbst zu eskalieren. Verzichten Sie daher unbedingt auf typische Reaktionen wie Vorwürfe, Distanzlosigkeit (wie plötzliches Duzen), Ironie und Sarkasmus.*

- *Wie Sie sich selbst verhalten, bestimmt maßgeblich, wie die Konfrontation abläuft. Achten Sie vor allem auch auf Ihre Körpersprache: Kongruenz, Mimik, Gestik und Haltung und fester Blickkontakt.*
- *Fest auf Kurs zu bleiben geht einfacher, wenn Sie auf Ablenkungsmanöver gefasst sind: Vom Gegenvorwurf über die Verniedlichung bis zum Herauslavieren gibt es einige typische Verhaltensweisen bei emotionalen Gesprächen.*
- *Es muss nicht immer die große Aussprache sein. Entscheiden Sie situativ, ob Sie einen Vorfall ignorieren werden oder das Verhalten ansprechen.*

Fast Reader

1. Sie selbst

Ob ein Verhalten Sie derart angreift, dass Sie den anderen mit einem Kraftausdruck belegen, ist ganz individuell: Was Sie als unerträglich empfinden, lässt mich mit den Schultern zucken. Die meisten Menschen finden diese zehn Verhaltensweisen besonders schlimm:

- Vertrauen missbraucht	*- Ungerechtigkeit*
- nicht verlässlich	*- Verletzungen*
- Egoismus	*- Respektlosigkeit*
- Unehrlichkeit	*- zweierlei Maß*
- Ignoranz	*- Macht ausüben*

Der Schlüssel zum Arschlöcher-Zähmen liegt im Selbstmanagement. Wenn Sie sich gut kennen, können Sie mit ungutem Verhalten anderer souveräner umgehen:

• *Sie setzen sich generell damit auseinander, was Sie stört – und vor allem warum.*

- *Sie werden sich Ihres bisherigen Verhaltensrepertoires bewusst. Dadurch lernen Sie Automatismen zu vermeiden. Und Sie haben es in der Hand, Ihr Repertoire um sinnvolle Strategien zu erweitern.*
- *Durch konkrete Selbstmanagement-Ziele gelingt es Ihnen, resistenter zu werden und unabhängig vom Verhalten anderer zu agieren.*

2. Das Gegenüber

30 *Denken Sie für den anderen mit, denn ungutes Verhalten hat immer seine Auslöser. Oft laufen schwierige Situationen unter „Shit happens": Jemand fühlt sich nicht gut, ist überfordert oder frustriert. Manchmal ist Unsicherheit, Taktlosigkeit oder ein Persönlichkeitsclash der Grund.*

- *Natürlich gibt es Menschen, die sich andauernd blöd verhalten, wie die Schmeißfliege, die in einer Tour provoziert. Oder den Gefühlegodzilla, der auf Ihren Gefühlen herumtrampelt. Den Lügner, der nur den eigenen Vorteil im Blick hat. Wenn Sie „den Gegner" besser kennen, können Sie sich darauf einstellen, was kommt, und besser parieren.*
- *Es ist wichtig, zu differenzieren, womit Sie es zu tun haben: Einzelfall oder Gewohnheit? Besonders mit Menschen, mit denen wir in irgendei-*

ner Beziehung stehen – beruflich oder privat, direkt oder über mehrere Ecken –, muss ein angemessenes Auskommen möglich sein.

- *Natürlich sollten Sie sich auch darüber Gedanken machen, wie Sie mit Menschen, denen Sie öfter begegnen, künftig umgehen wollen: Nicht jede Beziehung tut uns gut, und so kann es wichtig sein, abgesehen vom konkreten Vorfall eine klare Entscheidung zu treffen und eventuell den Kontakt zurückzuschrauben oder ganz abzubrechen.*

3. Konfrontation

Sie haben vielfältige Möglichkeiten, mit einer unguten Situation umzugehen. Dabei ist es durchaus legitim, sich der Situation zu entziehen (nicht: sich davor zu drücken!). Bei dauerhaft ungutem Verhalten ist es allerdings immer die bessere Wahl, es anzusprechen und das Verhalten idealerweise abzustellen:

- *Um im Ernstfall souveräner handeln zu können, brauchen Sie eine funktionierende Impulskontrolle. Diese können Sie im ganz normalen Alltag einüben durch Befindlichkeitstraining, dem Bewusstsein, wie sich Gefühle praktisch auf Ihr Verhalten auswirken, und indem Sie das Grenzensetzen und Ihre Besonnenheit trainieren.*

- Bevor Sie jemanden mit einem unerwünschten Verhalten konfrontieren, analysieren Sie, was die Person genau tut und warum Sie das so stört. Gehen Sie wirklich in die Tiefe! Verzichten Sie bei der Analyse auf emotionale Bewertungen. So können Sie sich Selbstmanagement-Ziele setzen und legen den Grundstein für ein sachliches Gespräch.

- Sind andere anwesend, ist besondere Aufmerksamkeit geboten: Auch Ihr Image steht auf dem Prüfstand! Aber keine Sorge: Das Arschloch verrät durch sein ungutes Verhalten viel über sich (Selbstoffenbarung). Das können Zeugen sehr gut einordnen. Bitte instrumentalisieren Sie Anwesende nie.

4. Gesprächsführung unter widrigen Umständen

30 Damit Ihre Botschaft wirklich ankommt, braucht es Impulskontrolle, souveränen Klartext und ein konsequentes Auf-Kurs-Bleiben – vom (Re-)Agieren auf das ungute Verhalten bis zum Gesprächsende. Auch wenn jede Konfliktsituation anders ist, gibt es sieben allgemeingültige Gebote:

1. Fackel nicht lange!
2. Sei dir klar, was du willst!
3. Provoziere nicht/lass dich nicht provozieren!

4. *Sei tonangebend!*
5. *Halte Kurs, auch wenn es turbulent wird!*
6. *Sag nur, was du meinst, aber sag nicht alles, was du denkst!*
7. *Mach Manöverkritik!*

„Tonangebend" sein bedeutet, dass Sie durch Ihre Sprechweise, Wirkung und das ehrliche Interesse, die Situation zu klären, die Rahmenbedingungen für das Gespräch setzen.

Drei wertvolle Gesprächstaktiken für schwierige Gespräche: eindeutige Statements, Paraphrasieren (in eigenen Worten – ohne Wertungen – wiederholen, was Sie verstanden haben) und Fragen. Sie helfen Ihnen dabei, Klartext zu reden und emotionalen Kommentaren den Sprengstoff zu nehmen.

Bei akuten Arschloch-Angriffen sollten Sie nie spontan loslegen. Entscheiden Sie von Fall zu Fall, ob und wie Sie reagieren: ignorieren (weggehen oder gezielt überhören) oder ansprechen (abgrenzen oder abblocken).

Weiterführende Literatur

- Baum, Tanja: Die Kunst, freundlich Nein zu sagen: Konsequent und positiv durch Beruf und Alltag. Redline Wirtschaft, München. 2008.

- Brunner, Anne: Die Kunst des Fragens. Hanser Verlag, München. 2009.

- Forward, Susan: Emotionale Erpressung: Wenn andere mit Gefühlen drohen. Goldmann Verlag, München. 2000.

- Härter, Gitte: Nerv nicht! Über den Umgang mit Nervensägen, Rechthabern, Langweilern & Co. GABAL Verlag, Offenbach. 2010.

- Hare, Robert D.: Gewissenlos. Die Psychopathen unter uns. Springer, Wien. 2005.

- Herbst, Jaya: Schon wieder ich!: Über die Opferrolle und wie wir uns davon befreien. Kösel Verlag, München. 2002.

- Schulz von Thun, Friedemann: Miteinander reden (Band 1-3). Rowohlt Verlag, Reinbek. 2010.

Die Autorin

 Gitte Härter (geb. 1969) findet, dass man sich nicht alles gefallen lassen darf ... aber gleichzeitig den alten Grundsatz „Was du nicht willst, dass man dir tu" beherzigen sollte.

Sie schreibt leidenschaftlich gerne Bücher rund um Business, Selbstmanagement und Kommunikation.

Seit 2010 hat sie sich ganz auf das Schreiben spezialisiert, textet für ihre Kunden und führt Buch- und Schreibcoachings/-trainings durch.

Davor war sie ein Jahrzehnt selbstständig als Business-Coach und -Trainerin. Und noch früher war sie in unterschiedlichen Funktionen in einem internationalen Medienkonzern tätig, zuletzt als Verkaufsleiterin.

Kontakt:
Gitte Härter, München
E-Mail: info@schreibnudel.de

Register